Martin Schulman · Karmische Astrologie

Martin Schulman

Karmische Astrologie

Band 3
Lebensfreude durch den Glückspunkt

Band 3 einer Serie von Martin Schulman

Urania Verlags AG

Titel der Originalausgabe: *Karmic Astrology, Vol. 3*
Joy and the Part of Fortune
Erschienen bei *Samuel Weiser, York Beach, Maine*
© der Originalausgabe *by Martin Schulman*

1. Auflage: 1. bis 5. Tausend 1983
2. Auflage: 6. bis 10. Tausend 1987
3. Auflage: 11. bis 13. Tausend 1990
4. Auflage: 14. bis 18. Tausend 1992

ISBN 3-908644-10-0

Gesamtherstellung: Schneelöwe, Aitrang
Printed in Germany

Für alle, die das Leid erfahren haben. Möge ihre Bürde leichter werden...

Für alle, die sich tief in ihre Sorgen vergraben haben. Möge sich ihr Herz nun mit Freude füllen...

Für meine Schüler, die meine Erkenntnis, wie wenig ich erst weiß, ständig neu beleben. Ihre Namen sind zu zahlreich, um sie alle zu nennen und ihre Liebe und Hingabe zu groß, um sie in Worte fassen zu können...

Für meine teure Prinzessin Penny Sue, die soviel versteht, weil sie um den Wert des Mitgefühls weiß. Aus den Tiefen ihrer Liebe erklingt die Musik der Inspiration – als ihr Geschenk der Freude an die Welt...

INHALT

KAPITEL I

DER GLÜCKSPUNKT

Der Glückspunkt ist einer der interessantesten aber auch einer der verwirrendsten Aspekte in der Astrologie. Obwohl schon einige nicht sehr bedeutende Definitionen über diesen ganz besonderen Punkt im Horoskop veröffentlich worden sind, hat es bisher noch niemand geschafft, die genaue Bedeutung dieses wichtigen Bereichs im Geburtshoroskop eindeutig festzulegen.

In demselben Maße, wie der Mensch Höhen und Tiefen, Kummer und schwere Prüfungen durchlebt, wird er auch von einem Hoffnungsstrahl getragen, der auf das größtmögliche Glück in seinem Schicksal hinzielt. Auch wenn ihm die momentanen Lebensumstände widerstreben, weiß er im Innern doch, daß in der Zukunft wieder bessere Zeiten kommen werden. Und in besseren Zeiten, in denen der Mensch glücklicher ist, begreift er, daß ihn seine Gedanken, Gefühle und Taten näher an das eine, von seiner Seele wirklich ersehnte Ziel, bringen.

Jeder Mensch besitzt außer momentanen Bedürfnissen ein Anlagebild seiner Sehnsüchte. Diese Idealbilder zeigen ihm den Unterschied zwischen richtig und falsch. Wenn er diesen Rahmen verläßt, verliert er das Gefühl für »richtig und falsch«. Bleibt er aber in diesem Rahmen, kann er leicht verstehen, daß alles, was zu den Idealen führt, richtig und alles, was ihn davon abbringt, falsch ist. Daher ist der Begriff von »richtig und falsch« jedes Menschen weniger ein Produkt der gegenwärtigen gesellschaftlichen Moralvorstellung als vielmehr ein Mittel, mit dem er jene unklaren Ideale erkennt, die er sich als sein persönliches Ziel gesetzt hat. Diese Ideale zu erreichen, brächte ihm ein Leben voller Freude. Keiner von uns ist zu alt oder zu abgeklärt, um an Märchen oder an die Existenz Gottes zu glauben – eine Hoffnung auf das letztlich Gute oder ein ferner Traum, der über den

Horizont der eigenen Vorstellungswelt hinausgeht. Und gerade dieser unbestimmte Hoffnungsschimmer gibt dem Menschen nicht nur seinen Lebenshunger und seinen Wunsch, über seine gegenwärtigen Fähigkeiten hinauszuwachsen, sondern auch ein starkes Vertrauen in den glücklichen Ausgang seines zukünftigen Schicksals.

Jeder Mensch weiß von Natur aus, daß es irgendwo einen »Goldschatz« gibt, der ihn am Ende seines Regenbogens erwartet. Um ihn zu erreichen, ist der Mensch bereit, durch die Stürme des Lebens zu gehen, aus denen er als »Kapitän seines eigenen Schiffes« wieder hervorkommt. Das Leid, das er erträgt und die Prüfungen, denen er sich unterzieht, sind nur die Wellen des Meeres, das er auf dem Weg in sein Gelobtes Land überquert. Die Überwindung eines Hindernisses auf dem Weg zu einem idealistischen Ziel bringt den Menschen dem Ufer näher.

Die Augenblicke im Leben, in denen ein Mensch völlig zur Ruhe kommt, sind vergleichsweise gezählt im Verhältnis zu der Zeit, die er damit verbringt, auf seine Ziele hinzusteuern. Manchmal verliert man den Kompaß und verirrt sich. Doch immer bleibt der Kern des Ideals im tiefsten Innern erhalten und zwar, daß das Glück des Lebens auf einen wartet, wenn man nur gewillt ist, sein eigenes Schiff in den Hafen zu steuern. Für die einen mag dieses große Glück ein anderer Mensch bedeuten, für andere finanzielle Sicherheit und für die dritten Esoterik oder spirituelle Erleuchtung. Für viele Menschen bedeutet Glück ganz einfach, sich die Zeit für sich selbst zu nehmen, um wirklich »zu sein«.

Offensichtlich sind die Ideale der Freude zahlreich und sehr verschieden. Aus diesem Grund hat jeder Mensch genügend Spielraum und Auswahlmöglichkeiten, auf seine eigene, einzigartige Art und Weise das individuelle Ideal zu verwirklichen, das ihm die größtmögliche Freude und Zufriedenheit bringen wird.

Ein Dichter schrieb einmal: »Niemand ist eine Insel...«. Darum ist es nicht einfach, sein höchstes Ideal klar abzugrenzen. Der Mensch muß sich sowohl mit der Außenwelt als auch mit seinem eigenen Innern auseinandersetzen, bevor er das harmonische Zusammenspiel aller Einzelheiten erkennen kann, das ihn zu dem wahren Wunsch seiner Seele bringt. Das größte Hindernis auf diesem Weg ist, die innere und äußere Harmonie zu erhalten. Die äußere Harmonie resultiert aus der inneren. Innere Harmonie aber läßt den Menschen die Ziele und Ideale erkennen, die ihm Glück bringen – den »Goldschatz«.

Die Astrologie bezeichnet diesen »Goldschatz« als Glückspunkt. Wenn man den Glückspunkt zum Ausdruck bringt, fühlt man sich wie zu Hause und erkennt seinen richtigen Platz im Leben. Durch den Glückspunkt fühlt man sich auch im Zentrum des Seins verwurzelt.

Manchmal braucht man ein ganzes Leben, um seine Ziele und Ideale zu erreichen. Diejenigen, die das Glück haben, eine derartige goldene Schwingung schon früh in ihrem Leben zu erreichen, müssen in relativ kurzer Zeit einen harten Kampf durchgestanden haben. Daher ist klar, daß sich der Glückspunkt für einen Menschen nach der Lebensmitte besser anläßt als in der Jugend.

Wegen seiner besonderen Eigenart und der Verheißung von soviel Gutem, bezeichnet der Glückspunkt die Stelle im Horoskop, wo der Mensch aus seinem Innern heraus weiß, daß er seine Ideale nicht aufs Spiel setzen darf. Er kämpft nicht nur mit seinen eigenen Konflikten, sondern auch mit denen der Menschen in seiner Umgebung, um die wahre Schönheit, um die er weiß, innerlich zu erfahren und nach außen hin zu verwirklichen.

Das erste, womit man auf diesem Weg des Idealismus konfrontiert wird, ist, die eigene Sonnen-Natur zu verstehen. Durch das Sonnenzeichen muß man lernen, wer man ist, wofür man sich einsetzt und man muß eine sehr positive Identitätsschwingung schaffen, die in eine immer größer werdende Harmonie mit allem, was einem im Leben gegeben worden ist, gelangt. Man muß bereit sein, den hellsten Teilen in sich gegenüberzutreten, die tatsächlich so gut sind, daß man es fast nicht glauben kann. Der Mensch muß lernen, wie man dieses Gute stärkt, bis es keine Zweifel mehr gibt, sich damit zu identifizieren. Man muß alles akzeptieren, was das Universum einem zugedacht hat als einem von Gottes einzigartigen Kindern. Gleichzeitig muß man die niedrigeren Teile in sich disziplinieren, die die Vitalität vergeuden und die Ausstrahlung des höchsten Potentials beeinträchtigen. Durch das Sonnenzeichen muß man erkennen, wer man ist, nicht in Bezug darauf, was andere Leute von einem denken oder sagen, sondern vielmehr dadurch, wieviel von einem selbst erkannt werden kann. Wir sehen uns der schwierigen Aufgabe gegenüber, gleichzeitig nachsichtig und streng mit uns selbst zu sein. Wir müssen wie eine Blume lernen, uns den Sonnenstrahlen zuzuwenden und doch fest an der Stelle verwurzelt zu bleiben, die zum Zentrum unseres Seins wird. Wir dürfen unsere eigene Stärke nicht verleugnen. Wir müssen Schwächen erkennen und es der Stärke überlassen, mit ihnen fertig zu werden. Der Mensch muß lernen, all das, was er ist, auch auszustrahlen, um mit zunehmender Entwicklung auch die Fähigkeit zu besitzen, die Energie und Schönheit seines Wesens noch vollkommener zu reflektieren.

Durch das Mondzeichen wird der Mensch mit einem ganz anderen Teil seines Wesens konfrontiert. Hier lernt er, auf alle Lebensreize emotional zu reagieren. Durch die Praxis entwickelt man Reaktionsweisen, die dann die Bausteine des Verhaltens werden. In der Konfrontation mit den Lebensumständen seiner Umwelt muß der Mensch seine größten Prüfungen bestehen. Dadurch, daß er die zeitlichen Entwicklungsphasen oder Veränderungen, die in ihm stattfinden, durchlebt, muß es ihm schließlich gelingen, eine klare und genaue Reflexion seines Selbst zu erreichen und auch zu behalten, nicht nur aus seiner eigenen Sichtweise heraus, sondern auch durch das Feedback der anderen. Es ist tatsächlich eine sehr schwierige Aufgabe, durch die Mondstellung eine höhere Bewußtseinsstufe zu erlangen. Das bedeutet nicht, daß man seine Gefühle kontrollieren soll, sondern vielmehr, daß man Harmonie im Gefühlsleben herstellen muß. Das ist nicht immer dasselbe. Wenn man seine Emotionen im Hinblick auf unangenehme Umstände in der Umwelt kontrolliert, ist es etwa so, als benutze man einen Regenschirm, wenn es regnet. Man möchte aber nicht immer einen lästigen Regenschirm mit sich herumschleppen. Und hätte man die Wahl zwischen Sonnenschein und Regen, würde man sich nicht für den Regen entscheiden. Wirkliche Harmonie im Gefühlsbereich erwächst aus der Erkenntnis, daß man zwar das Wetter nicht ändern kann, aber die Art und Weise, wie man sich darauf einstellt. Die Weide, die sich im Sturmwind biegt, während ihre Blätter mit dem Wind wehen, richtet sich nach dem Sturm wieder auf und erstrahlt aufs Neue in ihrem Glanz – als eine der herrlichsten Schöpfungen der Natur. Andererseits wird ein morscher Baum bei einem Sturm immer entwurzelt. Die empfindlichen Zweige und Blätter der Weide sind der Gefühlsnatur des Menschen sehr ähnlich, wie sie durch den Mond dargestellt wird. Obwohl sich die Zweige und Blätter mit jeder Brise bewegen, ist uns doch bewußt, daß ihr Überleben und ihr Wachstum von ihrer Fähigkeit abhängen, fest mit dem Baumstamm verbunden zu bleiben. Hier kann der Baumstamm mit dem Sonnenzeichen verglichen werden, dem Zentrum unserer Bestimmung.

Das Sonnenzeichen symbolisiert die Faktoren, die die Essenz des Individuums ausmachen – eine Gabe, die den Menschen zu einem einzigartigen Geschöpf macht. Durch das Mondzeichen lernt man, sich an die Veränderungen der Welt anzupassen. Der Mond ist das Depot für die Gewohnheiten, die man aus Überlebensgründen erlernt hat. Der Mensch mißt sich selbst mit der Welt, in der er lebt, und er versucht, das Gleichgewicht zwischen den Bedürfnissen, die sein Sonnenzeichen zufrieden stellen und denen, deren Erfüllung die Gesellschaft jederzeit zuläßt, zu erhalten. Durch das Mondzeichen erkennt man die Bedürfnisse und Meinungen anderer Menschen und durch eine sinnvolle Reaktion darauf wird man sich selbst und den anderen gerecht. Das Gleichgewicht zwischen den Gefühlen, die man durch den

Mond erlebt, den Bedürfnissen der Sonne und die Integration beider schaffen ein neues Gefühl des Da-Seins, das den Menschen in die Lage versetzt, ein einziges, geradeaus gerichtetes Ziel im Leben zu haben. Dieses Seinsgefühl öffnet den Menschen für das Bewußtsein seiner wesentlichen Ideale, die die Richtung und das Ziel bestimmen.

Sonne und Mond als die einzigen Faktoren zu betrachten, die dem Menschen innere Harmonie verleihen, hieße, ein universales Gesetz ignorieren: das Gesetz der Dreiheit. Überall in der Natur verursacht die Zwei, egal in welcher Form, automatisch ein Ungleichgewicht. Das beweisen die zwei gegenüberliegenden Enden einer Wippe -- ein Ende ist oben, das andere untern. Positiv-negativ-Situationen entstehen immer dann, wenn man nur zwei Faktoren berücksichtigt. Dann erscheinen die Dinge richtig oder falsch, schwarz oder weiß, hoch oder tief, links oder rechts, östlich oder westlich, groß oder klein, beherrschend oder unterwürfig usw. Nur wenn man das Gesetz der Dreiheit anwendet, kann man vollkommene Harmonie und absolutes Gleichgewicht herstellen. Nur durch den Scheitelpunkt an der Spitze der Pyramide wird die ganze Kraft gebündelt. Nur vom Drehpunkt in der Mitte der Wippe aus können die gegenüberliegenden Enden ausbalanciert werden. Selbst die Vorstellung von Gott wird im größten Teil der westlichen Welt als Dreiheit oder Dreieinigkeit dargestellt. Beziehungen zwischen zwei Menschen verlaufen nur in Gegenwart der höheren, göttlichen Kraft reibungslos. Die zwei Seiten einer Münze sind bedeutungslos, wenn man den dritten Faktor, nämlich die Bedeutung des Geldes, außer Acht läßt.

Das Gesetz der Dreiheit ist in der Astrologie überall vorhanden. Jedes Tierkreiszeichen wird in drei Abschnitte oder Dekanate eingeteilt. Jedes Zeichen hat dreißig Grad – drei mal zehn. Jeder Quadrant des Zodiaks enthält drei Zeichen, die die Jahreszeiten symbolisieren. Es gibt drei Eigenschaften der Elemente: kardinal, fix und labil. Das große Trigon, durch das ein geheimnisvoller, göttlicher Schutz zu kommen scheint und das dem Menschen immer wieder hilft, auf die

Füße zu fallen, wird durch drei Punkte symbolisiert. Die Wissenschaft der Geometrie, zu der die Astrologie direkten Bezug hat, ermöglichte dem Menschen die Konstruktion eines physikalischen Dreiecks, das die stabilste, architektonische Gebäudeform ist.

Der Aszendent ist der dritte Faktor, der das Sonnen- und Mondzeichen ausbalanciert. Alle Planetenenergien werden durch den Aszendenten erfahren und ausgedrückt. An dieser Stelle wird das Tauziehen zwischen Sonne und Mond am stärksten empfunden. Hier entwickelt man die Persönlichkeit, die es ermöglicht, mit den Bedürfnissen und Gefühlen zurechtzukommen. Durch die Schwierigkeiten im äußeren Leben werden die meisten Menschen im allgemeinen dazu gezwungen, ihren Aszendenten für die Harmonisierung ihrer Mondenergien zu benutzen, was auf Kosten der Sonnenenergie geschieht. Dadurch wird die durch den Aszendenten entwickelte Persönlichkeit auch zum Vermittler zwischen den eigenen Gefühlen und denen, die andere von einem zu erwarten scheinen. Dabei wird die ganze Aufmerksamkeit auf den Mond gelenkt. Die Bedürfnisse des Sonnenzeichens hingegen werden dabei kaum berücksichtigt.

Wenn man die Persönlichkeit, symbolisiert durch den Aszendenten und das Gefühls- oder Gewohnheitsselbst, symbolisiert durch den Mond, über die Sonne dominieren läßt, steht man einer Situation gegenüber, wo die Basis einer Pyramide wichtiger scheint als ihre Spitze. Die Basis ist die Stütze für die Spitze und nicht umgekehrt. In der Bibel heißt es: »Und die Erbauer vergaßen den Schlußstein.« Das Wesentliche wurde ignoriert und einer niedrigeren Seinsstufe geopfert.

Zur Wiederherstellung des inneren Gleichgewichts muß sich der Mensch der Kraft seines Sonnenzeichens mehr bewußt werden. Der beste Weg dazu ist in der Astrologie, sein Geburtshoroskop neu zu zeichnen und zwar mit der Sonne am Aszendenten oder, sich die Sonne in Gedanken an dieser Stelle vorzustellen. Wenn die Sonne eine Konjunktion mit dem Aszendenten bildet, stimmt die Persönlichkeit des

Menschen von selbst mit den Bedürfnissen der Sonne überein. Dadurch erhöht man die Bedeutung der Sonne und läßt nicht zu, daß die Persönlichkeit unabhängig von ihr handelt. Jetzt müssen beide für ein gemeinsames Ziel zusammenarbeiten. Es liegt auf der Hand, daß sich dadurch die Betonung des Mondes ändert. Wenn der Aszendent nun als Produkt der Sonne wirkt und nicht länger eine Fassade des Mondes ist, dann muß der Mond jetzt mit dieser neuen Balance zusammenarbeiten, die die Stärke und das Potential des Menschen darstellt. Um mit dem Vergleich von der Weide fortzufahren: wenn der Baumstamm, die Sonne, zum Aszendenten verpflanzt wird, dann müssen sich die Blätter, der Mond und die emotionalen Bedürfnisse, auch weiterbewegen und zwar in demselben Maße. Man kann den Baum nicht zerteilen. Aus diesem Grunde bewegt man den Mond um die gleiche Gradzahl weiter wie die Sonne und auch in die gleiche Richtung. Zum Beispiel: die Sonne steht auf 15 Grad Widder, der Mond auf 15 Grad Steinbock und der Aszendent auf 15 Grad Krebs. Man stelle sich nun die Sonne auf dem Grad des Aszendenten vor und den Mond 90 Grad dahinter, bzw. auf 15 Grad Widder. Das Gradverhältnis zwischen Sonne und Mond bleibt dabei unverändert, bei 90 Grad. Lediglich das Zeichen hat sich geändert. Ein anderes Beispiel: die Sonne auf 12 Grad Fische, der Mond auf 6 Grad Wassermann, der Aszendent auf 25 Grad Krebs. Sonne und Mond liegen 36 Grad auseinander. Wenn man sich die Sonne am Aszendenten, auf 25 Grad Krebs vorstellt, befindet sich der Mond 36 Grad dahinter oder auf 19 Grad Zwillinge. (Nachfolgende Diagramme verdeutlichen diesen Vorgang). Die neue Mondstellung in Zeichen und Gradzahl ergibt den Glückspunkt. Im ersten Beispiel befindet sich der Glückspunkt auf 15 Grad Widder, im zweiten auf 19 Grad Zwillinge.

Der Glückspunkt symbolisiert die Stelle im Horoskop, an der Sonne, Mond und Aszendent in bester harmonischer Beziehung zueinander stehen und zum besten Vorteil des Menschen ausgedrückt werden können.

Der Glückspunkt verspricht wie der Planet Jupiter Fülle. In weiterem Sinne umfaßt er jedoch weit mehr des individuellen Wesens als irgendein anderer Planet. Er stimmt den Menschen auf seine Umgebung ein, in der er am natürlichsten zum Erfolg gelangt und er zeigt jedem Menschen auf, wo sein eigenes Erfolgskonzept liegt. Er zeigt auch das stärkste Bedürfnis des Menschen an, da er den besonderen Grundgedanken definiert, durch den das ganze Wesen schwingt.

Jedes Individuum hat ein Ego und ein Ich-Ideal. Die einfachste Art, das Ich zu definieren ist, zu sagen, es ist das, was jemand von sich selbst denkt. Ob seine Gedanken über sich selbst nun richtig oder falsch sind, die Art und Weise, wie er sich wahrnimmt, wird zu seinem Ich. Gleichzeitig hat sich sein Ich-Ideal aus den Vorstellungen gebildet, die all das darstellen, was er eigentlich sein möchte, aber nicht ist. Daher bedeutet das Ich-Ideal immer viel mehr als das tatsächliche Ich, vom Standpunkt der eigenen Wunschträume aus gesehen. Folglich sieht der Mensch, wenn er sich selbst betrachtet, gleichzeitig sein Ich-Ideal oder alles, was er gerne sein möchte und sein Ich, die Erkenntnis all dessen, was er wirklich ist. Oft sieht er auch einen großen Unterschied zwischen den beiden. Dieser motiviert ihn, über all das hinauszugelangen, was momentan in seiner Reichweite liegt.

Das Ego selbst verändert sich von Tag zu Tag und von einem Moment zum andern, abhängig davon, was der Mensch tut, in welcher Umgebung er sich befindet und wie erfolgreich er zu sein glaubt – in seinen Augen und in den Augen anderer. Das Ich-Ideal ist jedoch mehr ein fixer Punkt in den Gedanken, der Welt und der Zielsetzung des Menschen. Es symbolisiert den Teil in ihm, von dem er glaubt, daß er ihn erfüllen wird, wenn er ihn erreicht. Darum ist das Ich-Ideal das, was der Mensch innerlich anstrebt. Seine freudebringende Erfüllung kann durch die Harmonie erreicht werden, die der Glückspunkt verspricht.

Da der Glückspunkt davon abhängig ist, wie der Mensch seine Sonne, seinen Mond und seinen Aszendenten lebt, beruht der Nutzen, den man aus ihm zieht, darauf, wie diese drei Faktoren im Horoskop zusammenwirken. Wenn man sie negativ verwirklicht hat, dann kann der Glückspunkt als Unglückspunkt erscheinen aus dem Grund, daß der Mensch keine Anstrengung gemacht hat, das durch den Mond symbolisierte Bewußtsein auf eine höhere Stufe zu bringen. Warum das so ist, kann man leicht verstehen, wenn man bedenkt, daß tatsächlich die neue Mondstellung, die durch die veränderte Sonnenstellung am Aszendenten entstanden ist, den Glückspunkt im Horoskop festlegt.

Wenn der Mensch seine Mondenergie fließend, als dynamischen, integrierten Teil des Horoskops genutzt hat und so seine Seele mit dem restlichen Teil seines Wesens in Einklang gebracht worden ist, dann kann man erwarten, daß der Glückspunkt wirklich positiv zum Ausdruck kommt. Andererseits, wenn der Mensch seinen Mond zu einem Lager für negative Erinnerungen gemacht hat, muß man damit rechnen, daß sich der Glückspunkt nicht positiv auswirkt. Aber sogar im ungünstigsten Falle repräsentiert der Mond Wachstum, Veränderung, die Entwicklung neuer Gewohnheiten und die Einführung neuer, emotionaler Verhaltensweisen, die einem schließlich dazu verhelfen, sein Karma auf eine höhere Stufe zu bringen. Die meisten Astrologen stimmen darin überein, daß der Mond den Menschen die größten Schwierigkeiten bereitet. Es ist eine interessante Feststellung, daß die meisten Menschen einen Astrologen gerade dann um Rat bitten, wenn der laufende Mond genau das Haus in ihrem Horoskop überquert, das den Grund dafür liefert, warum die Deutung ihres Horoskopes für sie gerade jetzt so dringend ist. Daran kann man erkennen, wie wichtig die Rolle des Mondes bei der Problemlösung ist. Und gerade dadurch wird der Glückspunkt zur Quelle idealer Inspiration, zum sprichwörtlichen Goldschatz am Ende des eigenen Regenbogens.

Die Verwirklichung des Glückspunktes

Sehr vereinfacht kann man den Glückspunkt als eine Stelle im Horoskop bezeichnen, wo man Glück erfährt, eine Quelle der Gelegenheit, sich seine größten Wünsche zu erfüllen. Dennoch bleibt die Vorstellung von Glück, Chance, Erfüllung und Vollendung reine Theorie, wenn der Mensch keine gezielten Anstrengungen unternimmt.

Anfang dieses Jahrhunderts kamen viele Einwanderer nach Amerika in dem Glauben, die Straßen seien mit Gold gepflastert. Leider mußten die meisten von ihnen bald erfahren, daß das nur ein Mythos war. Es waren jedoch einige unter ihnen, deren individuelle Anstrengungen, diesen Mythos in ihrem Leben wirklich werden zu lassen, Erfolg hatten. Die Vorstellung, daß jeder Mensch in Gottes Augen die gleiche Chance hat, glücklich zu werden, bleibt reine Abstraktion, außer für diejenigen, die diese unbestimmte Idee durch ihre Bemühungen zur Realität ihres Daseins machen. Die Einsicht der heutigen spirituellen Weltbewegung ist in der Tat wunderschön. Doch das wirkliche Erleben dieser Vision ist nur den Menschen vorbehalten, die auch bereit sind, den Hindernissen, die sie von der Einheit mit dem göttlichen Selbst abhalten, gegenüberzutreten und sie zu überwinden. Der Glückspunkt läßt sich im Grunde genommen in gleicher Weise verwirklichen. Er ist da, um genutzt zu werden, aber man muß auch etwas dafür tun. In diesem Sinne wird eines klar: immer verbirgt sich göttliche Gnade in diesem Glückspunkt. Inwieweit der Mensch fähig ist, diese Gnade zu erfahren, hängt ganz und gar davon ab, ob sein Leben auf die höchsten Ideale ausgerichtet ist oder nicht. Wenn nicht, wird er von den augenblicklichen Zerstreuungen und Unterhaltungen abgelenkt, die ihm angenehmer und leichter erreichbar scheinen. Das Ausmaß dieser Gnade variiert natürlich auch von Mensch zu Mensch. Liegen die Erwartungen auf der materiellen Ebene, so wirkt der Glückspunkt im Materiellen. Sind die Erwartungen spiritueller Art, wird auch der Glückspunkt auf der geistigen Ebene wirksam. Die

Menschen, die über jeden Aspekt ihres Lebens Kontrolle ausüben, werden im Wesentlichen auch ihren Glückspunkt kontrollieren. Dadurch werden die Möglichkeiten natürlich eingeschränkt. Wenn der Mensch Vertrauen hat, daß alle Faktoren und Umstände in seinem Leben für das letztendlich Gute in seiner Entwicklung und auch in der Entwicklung der Welt bestimmt sind, dann gewinnt er, zusätzlich zu denen des Glückspunktes, noch unerschöpfliche Möglichkeiten hinzu. Mit dieser Einstellung kann er sogar das erreichen, was über alle Erwartungen hinausging. Doch damit dieser leuchtende Strahl unser Leben durchdringen kann, sind große Vorbereitungen nötig.

In Bezug auf unsere Lebensanschauung spielt unser Verhalten eine wichtige Rolle. Diese Einstellungen wiederum sind Teil und Abbild unserer Wertsysteme. Die Werte entwickeln sich schon sehr früh im Leben durch den Einfluß der Eltern. Astrologisch kann man dies an der Stellung der Sonne erkennen, die den Vater symbolisiert und an der Stellung des Mondes, der die Mutter darstellt. Wenn der Mensch älter wird, sucht er sich Ersatzfiguren für Autorität und Güte. Er baut sich ein Gefühl der Sicherheit auf, um diese beiden Faktoren und andere, die in den Wertsystemen enthalten sind, auszugleichen. Mit anderen Worten heißt das, daß sich mit zunehmender Entwicklung auch die Werte ändern. Sie verlassen jedoch niemals wirklich den Rahmen der Sonnen-und Mondstellung im Horoskop. Wenn der Vorgang, sich Ersatzfiguren zu suchen, eine höhere Ebene erreicht, entwickelt sich die innere Harmonie mehr in Richtung der Ideale, die die Evolution vorantreiben. Die Verhaltensmuster ändern sich und eine neue Identität entsteht, die durch den Aszendenten ausgedrückt wird. Ob diese neue Identität nun näher oder weiter davon entfernt ist, was in der Jugend gelernt wurde, spielt keine Rolle. Wichtig ist vielmehr, ob sie die Ideale entstellt oder eine harmonische Verbindung mit den tiefsten inneren Zielen herbeiführt. Wenn man diesen Zielen treu ist, dann führen die Einstellungen, die sich aus dem Wertsystem entwickeln, zur Verheißung des Glückspunktes.

Der Glückspunkt, ein entscheidender Brennpunkt

Der Glückspunkt symbolisiert die größte Belohnung, die jeder Mensch erhalten kann. Daher wird er zu einem sehr wichtigen und sensitiven Punkt im Horoskop, durch den man das ganze Horoskop deuten kann. Man kann die Art und Weise erkennen, wie die planetarischen Energien genutzt werden können, um den Menschen auf den Weg der größten Verheißung zu bringen. Daraufhin können alle Hindernisse, Konflikte und Spannungen, die im Horoskop sichtbar sind, als Werkzeug oder wichtige Sprungbretter für die Verwirklichung des einen Zieles angesehen werden, das dem Menschen die größte Freude bringen wird. Das Horoskop erhält nun eine viel umfassendere Perspektive. Statt sich auf irgendein besonderes Problem oder einen bestimmten Konflikt zu konzentrieren, lenkt es die Aufmerksamkeit auf den einen speziellen Punkt im Horoskop, wo der Mensch seinen größtmöglichen Ausdruck und seine Freude finden kann. Folglich kann der Mensch lernen, mit allen Planetenenergien richtig umzugehen, indem er sie auf das Gebiet der größten Sehnsucht seiner Seele konzentriert. Als entscheidender Brennpunkt hilft der Glückspunkt dazu, hinter das zu schauen, was der niedrige oder rationelle Verstand wahrnimmt und er schafft die geeignete Perspektive, um sich für den höheren oder intuitiven Geist zu öffnen. Dies schafft die Möglichkeit dafür, daß die wahren Ideale und Ziele an die Oberfläche kommen und der wahren Seelennatur Ausdruck verleihen. Die Spirale dreht sich plötzlich gleichzeitig nach innen und nach außen.

Der Glückspunkt und besondere Planetenkonstellationen

Bei Vollmond-Geburtshoroskopen fällt der Glückspunkt immer ins 7. Haus, unabhängig von der tatsächlichen Häuserbesetzung. Die Opposition von Sonne und Mond zeigt immer irgendeinen Konflikt mit den Eltern an. Gewöhnlich beginnt der Mensch nach seiner eigenen Eheschließung oder Elternschaft mit der Konfliktlösung. In diesem Falle zeigt der Glückspunkt das mögliche Glück, das aus der Überwindung des Konflikts hervorgehen kann, der einem fast die Hälfte des Lebens zu schaffen gemacht hat.

Auf einer anderen Ebene wird die Sonne-Mond-Opposition schließlich einen sehr objektiven, klarsichtigen Bewußtseinszustand bringen, ob der Mensch nun heiratet oder nicht. Der Glückspunkt im 7. Haus, der durch die Zuordnung zum Zeichen Waage ausgleichend wirkt, gibt dem Menschen die Gelegenheit, das Leben sowohl durch die Augen der anderen als auch durch seine eigenen zu sehen. Die eigene Wahrnehmung des Lebens wird durch die Wahrnehmung anderer Menschen erweitert. Schließlich wird eine Ausgewogenheit zwischen allen möglichen Sichtweisen erreicht, und darüberhinaus eine Einheit zwischen dem Gefühl und dem Sein, die dazu dient, den Menschen zum Brennpunkt erhöhter spiritueller Energie und Ausstrahlung zu machen.

Im Horoskop mit einer Konjunktion von Sonne und Mond, dem Neumond-Horoskop, fällt der Glückspunkt immer auf den Aszendenten. Je nach Genauigkeit der Konjunktion kann der Glückspunkt ein oder zwei Grad von der Häuserspitze entfernt sein und steht entweder im 12. oder im 1. Haus. Der Neumond-Glückspunkt zeigt, daß der Mensch seine größte Erfüllung dadurch erreicht, daß er sich selbst und die Welt durch seine eigene Sichtweise versteht und nicht durch die Sichtweise anderer. Das schafft man, indem man lernt, die Sonne-Mond-Konjunktion auf positivste Art zu nutzen. Auf diese Weise kann man eine Harmonie in der Persönlichkeit herstellen, durch die eine erfreuliche Einheit des Selbst ausgedrückt und gefestigt wird. Die Lebensanschauung dieses Menschen wird in höchstem Maße subjektiv sein. Doch dabei wird er eine Frische und Vitalität ausstrahlen, die aus der Vereinigung von Sonne und Mond resultiert. Die Vergangenheit, symbolisiert durch den Mond, wird durch die Hitze und Helligkeit der Sonne ausgelöscht.

Und jetzt bleibt nur noch der Neubeginn: das Ausströmen des Geistes, der auf die Vervollkommnung der Persönlichkeit als Ausdrucksmittel der Seele abzielt.

Wenn der Mond im Quadrat zur Sonne steht, wird auch der Glückspunkt diesen Aspekt zum Aszendenten bilden und fällt entweder ins 10. oder ins 4. Haus, das Medium Coeli und das Immum Coeli. Diese Eckhaus-Spitzen sind überaus sensitiv, da sie von Saturn und Mond, den Herrschern von Steinbock und Krebs, regiert werden, was unter anderem ein latentes Potential und dessen Manifestation bedeutet. Das Sonne-Mond-Quadrat zeigt Spannungen zwischen den Eltern an. Der Mensch fühlt diese und trägt sie mit sich durchs Leben. Daher hat er ein starkes Bedürfnis, eine Lösung für diese Spannung zu finden. Harmonie mit den Gedanken eines Elternteils herzustellen, verhilft gewöhnlich zur Problemlösung. Da das 4. Haus die Mutter symbolisiert und das 10. Haus den Vater, zeigt die genaue Stellung des Glückspunktes ganz deutlich, mit Hilfe wessen der beiden Elternteile der Mensch diese Spannung lösen wird. Es gibt jedoch Fälle, wo sich der betreffende Elternteil im gegenüberliegenden Haus befindet. Eine sorgfältige Horoskopanalyse wird ergeben, welchem Haus der jeweilige Elternteil richtig zuzuordnen ist. Dieses Lebensgebiet und die Art und Weise, wie die Elternrolle von ihm selbst übernommen wird, wird dem Menschen die größte Erfüllung bringen.

Der Glückspunkt kann mit dem Karussell des Lebens verglichen werden. Um mitfahren zu können, muß man Eintritt zahlen und für die Fahrt bereit sein. Ob der Aspekt zwischen Sonne und Mond nun harmonisch ist oder nicht, es gibt immer viel zu tun, bevor man den großen Nutzen aus dem Glückspunkt ziehen kann.

Im Falle der Sonne-Mond-Opposition muß man altes Karma abtragen, das aus vielen Leben zurückgeblieben ist. Man muß damit aufhören, der Mittelpunkt der Welt sein zu wollen und seine winzige Rolle im großen Plan verstehen. Geben und Nehmen müssen im Gleichgewicht sein durch die Erkenntnis, daß ein Zuviel auf der einen Seite das Ziel vollkommener Objektivität zunichte macht. Der Mensch steht mit einem Fuß in der Vergangenheit und mit dem anderen in der Zukunft. Er hat gleichzeitig den Wunsch, selbst zu handeln und die Anderen handeln zu lassen. Er will gleichzeitig führen und geführt werden, sich weiterentwickeln und stehen bleiben. Er hat gleichzeitig das Bedürfnis nach Gewinn und Verzicht. Es ist kein Wunder, daß der Mensch, der bei Vollmond geboren wurde, ständig von Gegensätzen zerrissen wird. Er hat das Gefühl, in zwei Welten gleichzeitig zu leben und beide gleichzeitig zu verstehen. Buddha und andere erleuchtete Meister sind ein Beispiel für diese Sonne-Mond-Opposition und die letztendlichen Belohnungen des Glückspunktes im 7. Haus. In vieler Hinsicht ist dieser Aspekt der höchste und darum auch am schwersten zu ersteigende Berg. Doch die Aussicht vom Gipfel ist atemberaubend.

Die Neumond-Geburt mag für den Menschen harmonischer sein. Man muß sich jedoch daran erinnern, daß der Mond die Reaktionen auf die Umwelt darstellt. Er symbolisiert also auch das, was andere seiner Meinung nach von ihm denken. Darum wird diese spezielle Konjunktion wegen dem großen Selbstbewußtsein, das der Mensch überwinden muß, extrem schwierig. Dies muß man schaffen, bevor man sich selbst klar erkennt. Man darf die Umwelt nicht subjektiv als direkt oder persönlich daran beteiligt sehen, was man fühlt oder denkt. In der Jugend identifiziert sich dieser Mensch stark mit allem und jedem. Er glaubt, daß die Anderen jeden Fehler bemerken, den er selbst innerlich bemerkt. Dies läuft darauf hinaus, daß er auf Umwelteinflüsse überempfindlich reagiert, die in Wirklichkeit unpersönlich sind. Dieser Mensch hat die ausgesprochen schwierige Aufgabe, sich mit sich selbst auseinanderzusetzen, um eine Identität zu entwickeln, die weniger von Äußerlichkeiten und mehr von dem abhängt, was aus seinem Innern heraus projiziert wird. Harmonie zwischen den Eltern, was oft durch eine Sonne-Mond-Konjunktion angezeigt wird, wirkt sich oft nicht so einfach aus, wie es oberflächlich betrachtet erscheint. Die Übereinstimmung von Einstellung und Verhalten kann vielmehr so aussehen, als bringe sie Harmonie, kann aber in Wirklichkeit ein Hindernis für den Aufbau einer persönlichen Identität, Tiefe und Seinsfülle sein. Darum muß sogar der subjektiv orientierte Mensch diesen Wachstums- und Veränderungsprozeß durchleben. Er muß sich mehr auf Zukunftshoffnungen und neue Ideen konzentrieren als auf solche, die man in seiner Kindheit auf ihn projiziert hat.

Beim Sonne-Mond-Quadrat haben wir ein ganz anderes Bild. Der ehrgeizige Antrieb, bedingt durch das Quadrat, dient dazu, letztlich die Anerkennung des Elternteils zu gewinnen, der durch das Haus, in dem sich der Glückspunkt befindet oder die nächstliegende Häuserspitze, symbolisiert wird. Darum wird der Mensch durch einen starken, inneren Drang dazu gezwungen, entweder das Unzulänglichkeitsgefühl aus der Jugend zu kompensieren (wenn der Glückspunkt ins 4. Haus fällt), oder das Gefühl zu überwinden, dem Einfluß von Autoritätspersonen zu unterliegen (10. Haus). In jedem Falle ist sein Streben weniger der Versuch, sich selbst zu gefallen, als der Versuch, sich der Anerkennung derer würdig zu erweisen, die er höher einstuft als sich selbst. Doch selbst mit dieser Motivation und Einstellung kann der Mensch große Erfüllung finden und zwar dann, wenn er erkennt und erlebt, daß durch Dominanz entstandene Einschränkungen durch Weiterentwicklung, Bemühung und Hingabe an ein Ideal überwunden werden können. Dieses Sonne-Mond-Quadrat und die Stellung des Glückspunktes symbolisieren das Bedürfnis, sich entweder über eine Idee, ein Prinzip, eine innere Schwäche zu erheben oder über eine dominante Persönlichkeit, die den Menschen daran gehindert hat, sein volles Potential zu erreichen. Nur wenn der Mensch wirklich beginnt, dieses Potential zu verwirklichen, kann er einen flüchtigen Eindruck davon gewinnen, was der Glückspunkt verheißt.

Die letzte bedeutende Beziehung zwischen Sonne und Mond ist das Trigon. Dieser Aspekt der beiden Lichter zeigt innere

Harmonie der Prinzipien an, die sie symbolisieren. Wo immer dieser Aspekt erscheint, bildet auch der Glückspunkt ein Trigon zum Aszendenten. In vielen Fällen steht der Glückspunkt im Löwebeherrschten 5. Haus oder im Schütze-beherrschten 9. Haus. Diese werden von Sonne bzw. Jupiter regiert, die dem Trigon ihre Eigenschaften verleihen: leichtes, müheloses Fließen, Vertrauen – der Glaube, richtig zu liegen und »zu wissen« – und Glück. Das Trigon hat immer diese Eigenschaften, auch wenn es sich nicht in den oben erwähnten Häusern oder Zeichen befindet.

Das Trigon zeigt das Bedürfnis an, die praktische Seite der Feuerzeichen aktiv auszubilden und durch Rückwirkung auf die Gegenzeichen auch die praktische Seite der Luftzeichen. Der »aktive« Teil dieses Vorgangs entsteht durch Mars, dem Herrscher des Widder, dem einleitenden kardinalen Feuerzeichen.

Das Trigon stellt auch die vielen Umstände dar, die außerhalb der Kontrolle des Menschen liegen. Das Zeichen Löwe und das 5. Haus herrschen über den Willen. Man muß innere Stärke entwickeln, um es mit den äußeren Angelegenheiten aufzunehmen. Wenn sich der Glückspunkt im 5. Haus befindet, ist der Wille im allgemeinen im Einklang mit den Prinzipien der bestehenden Gesellschaft. Wenn der Glückspunkt im 9. Haus liegt, kann sich der Verstand auf Ideale und Maßstäbe richten, die, obwohl sie nicht unbedingt im Konflikt mit bestehenden Prinzipien stehen müssen, trotzdem einen Grad der Sehnsucht darstellen, der der Bevölkerung im Großen und Ganzen nicht bewußt ist. Es ist jedoch wichtig, sich daran zu erinnern, daß Löwe der Philosophenkönig sein kann und Schütze der wohlwollende Tyrann. Es gibt hier keine festen Regeln. Wir machen hier nur mögliche Ansatzvorschläge und sagen nicht, daß sich das 5. Haus mehr »konservativ« und das 9. Haus mehr »liberal und fortschrittlich« auswirkt. In beiden Fällen werden die Zeichen und Häuser natürlich von den Planeten beherrscht, die die höchsten Prinzipien repräsentieren: Licht und Wahrheit. Das Trigon symbolisiert die unbehinderte Zusammenarbeit dieser zwei Faktoren. Wenn der Mensch die Lektion, die ihm das Leben auferlegt, erfolgreich lernt, dann können Wille und Sehnsucht leicht durch den Aszendenten ausgedrückt werden. Dies ist der Grundgedanke des Trigons: müheloser Ausdruck. Das Sonne-Mond-Trigon zeigt sich durch den harmonischen Ausdruck von Willen und Streben: eine Zukunft, die mit vergangenen Lektionen in Harmonie leben will und Ideale, die aus einer harmonischen Vergangenheit erwachsen. Manchmal ist dieser Ausdruck fast zu mühelos und der Mensch ist versucht, die Dinge laufen zu lassen und keine aktive oder zielbewußte Rolle in seinem Leben zu übernehmen. Hier wird die Bedeutung des ersten Feuerzeichens klar: aktive, entschlossene, zielbewußte Mars-Energie, ausgeglichen durch rücksichtsvolle, intelligente, korrekte Waage-Venus-Energie. Die Balance des Feuer-Dreiecks, wie sie der Trigonaspekt symbolisiert, gibt dem Menschen den Willen, das Ziel und das Streben, das Leben und den Geist zu veredeln.

Der Glückspunkt und der Horizont

Natürlich wirkt sich der Glückspunkt in den verschiedenen Hemisphären des Horoskops unterschiedlich aus.

Wenn der Glückspunkt unterhalb des Horizontes liegt, dann besteht das Geschenk der Erfüllung für den Betreffenden im Geben. Der Mensch gelangt durch alles, was er anderen gibt, zur größten Freude. Je mehr er geben kann, desto größere Erfüllung wird ihm zuteil.

Wenn der Glückspunkt in der oberen Hemisphäre erscheint, ist der Mensch dazu auserkoren, irgendeine Form der Gnade von anderen zu erhalten. Vom karmischen Standpunkt aus hat seine Seele dies durch Dienstbarkeit in anderen Leben erworben. Der Mensch der zukünftige Belohnungen zu erwarten hat, verdient sie sich durch seinen Glückspunkt in der unteren Hemisphäre. Dies zeigt klar, ob jemand in diesem Leben Karma erntet oder Karma sät. Der Mensch mit dem Glückspunkt in der unteren Hälfte sät jetzt Liebe, um sie in der Zukunft zurückzubekommen. Es gibt keine Freude, die größer ist, als die des Gebens. Der Mensch mit dem Glückspunkt in der oberen Hälfte durchlebt ein Karma des Nehmens und erntet das, was er in der Vergangenheit gesät hat. Dies in Demut und Dankbarkeit zu empfangen heißt, sich des Geschenks als wahrhaft würdig zu erweisen.

KAPITEL II

DER GLÜCKSPUNKT,
EIN ORT DER HARMONIE

Die astrologischen Sonnenzeichen-Studien schenken der Wirkung der gegenüberliegenden Zeichen viel Aufmerksamkeit. Man scheint allgemein darin übereinzustimmen, daß jemand, der mit seinem Sonnenzeichen Schwierigkeiten hat, dazu neigt, die negativen Eigenschaften des Gegenzeichens auszudrücken. Aus diesem Grund sind Stiere für die heftigsten Wutausbrüche im ganzen Tierkreis bekannt, obwohl sie sonst eigentlich nie die Nerven verlieren. Diese zwar seltenen, aber starken Ausbrüche sind keineswegs Ausdruck des Stier, sondern eher der Ausdruck der negativen Eigenschaften des Gegenzeichens Skorpion.

Krebse sind dafür bekannt, daß sie zugeknöpft sind, wenn sie verletzt wurden, sich in sich selbst verkriechen und sich hinter einem Schutzwall verstecken. Mit dem, der sie verletzt hat, sprechen sie monatelang buchstäblich kein Wort mehr. Diese Verhaltensweise paßt überhaupt nicht zu der tatsächlichen Wärme und Offenheit des Krebs. Sie ist eine der negativen Ausdrucksformen des Gegenzeichens Steinbock.

Wenn man die Hilfe und die großzügige Belehrung eines interessierten Löwen abschlägt, kann man fast immer damit rechnen, daß er darauf mit folgenden Worten reagiert: »O.k., ich habe mein Bestes versucht. Jetzt mach, was du willst!«. Diese scheinbar resignierende Haltung findet man niemals im Zeichen Löwe. Denn sein vorrangiges Ziel ist, immer das Kommando zu haben. Wenn er jedoch die Sinnlosigkeit einer bestimmten Situation erkennt, übernimmt er die Zurückhaltung des Wassermann.

In gleicher Weise kann man gut beobachten, daß jedes Sonnenzeichen deutliche Merkmale seines Gegenzeichens aufweist. Meistens sind dies die negativen Eigenschaften, weil sie gewöhnlich das Ergebnis von Widerstand und Frustration sind, womit man zu tun hat, wenn man versucht, sich selbst zu finden. Man könnte es als »sich an einen Strohhalm klammern« bezeichnen.

Beim Glückspunkt muß man die polaren Gegenzeichen jedoch anders betrachten. Der Glückspunkt ist immer ein Ort der Harmonie. Damit er auch so wirken kann, darf das gegenüberliegende Zeichen nicht negativ entgegenwirken. Wenn dies aber geschieht, kann der Glückspunkt nicht als harmonisches Zentrum im individuellen Horoskop wirksam werden. Stattdessen wird er durch die starke Spannung zwischen dem Zeichen, in dem er steht und dem gegenüberliegenden, verzerrt. Wenn der Mensch bereit ist, die positivsten Eigenschaften des Gegenzeichens zu lernen, dann beseitigt er die Hindernisse, die sonst dem besten Ausdruck des Glückspunktes im Wege stehen.

Freude, Glück, müheloses Handeln und die Vorstellung von Harmonie im allgemeinen sind nicht nur Produkt des Zusammenspiels positiver Kräfte. Das wäre nur die eine Seite der Medaille. Tatsächlich aber sind sie Ausdruck fehlender Gegenkräfte. Wenn ein Mensch zehn positive Kräfte in seinem Leben erfährt, erfährt er gleichzeitig zehn negative, zehn Gegenkräfte. Die Endsumme wird ein dumpfes Gefühl der Neutralität sein. Sobald sich eine Waagschale senkt, entweder durch eine positive Kraft mehr oder eine Gegenkraft weniger, beginnt der Mensch, mehr Freude zu erfahren. Wenn sich die Waage aber auf die andere Seite neigt, durch eine Gegenkraft mehr und eine positive Kraft weniger, dann fängt der Mensch an, sein Gefühl der Freude zu verlieren. Um verstehen zu können, wie ein Mensch sein größtes Glück erreicht, muß man den Begriff der Freude als einen scheinbar nicht zentrierten Punkt in einem Spektrum positiver und negativer Kräfte ansehen. So unzentriert das volle, positive Freudeerlebnis auch scheint, so ist es in Wirklichkeit das wahre Zentrum unseres Seins.

Die Welt scheint voll positiver und negativer Kräfte zu sein, die sich als erwünschte oder unerwünschte Umstände äußern, mit denen sich jeder Mensch auseinandersetzen muß.

Hier ist es wichtig zu erkennen, daß sich jeder vom wahren Zentrum seines Seins aus mit diesen Kräften auseinandersetzen muß. Nehmen wir den gegenwärtigen Entwicklungsstand des Menschen und seine momentane Bewußtseinsstufe: sie sind in jedem Augenblick und bei jedem Menschen anders. Und hier in unserem eigenen Wesen liegt unsere Aufgabe. Gleichzeitig müssen wir an unserem Wissen arbeiten. Aus diesem Grund kann zum gegenwärtigen Zeitpunkt nur Gott allein die Harmonie erfahren, die Neutralität von Millionen von scheinbar gegensätzlichen Kräften, guten wie auch schlechten, positiven und negativen, wünschenswerten und nicht wünschenswerten. In unserem menschlichen Dasein sind wir alle ein kleiner Teil des göttlichen Ganzen. Das Seinszentrum in jedem von uns ist scheinbar weit entfernt vom wahren Zentrum universalen Seins, das nur Gott allein kennt, doch es ist trotzdem in der Lage, die göttliche Freude in einmaliger Weise zu erfahren.

Wenn jeder Mensch seine Freude dadurch sucht, daß er Sonne, Mond und Aszendent auf positivste Art und Weise verwirklicht und versucht, niemanden zu kränken, zu verletzen oder Schlechtes zu tun im Zusammenhang mit den Menschen und Umständen, die durch das dem Glückspunkt gegenüberliegende Zeichen und Haus symbolisiert werden, so wird offensichtlich, daß die Welt in Gottes Augen eine sehr positive Entwicklung macht. Wenn aber jeder Mensch durch die positivste harmonische Verwirklichung von Sonne, Mond und Aszendent seine Freude sucht, es andererseits aber unterläßt, auf die Menschen, Umstände und Ereignisse einzugehen, die durch das Zeichen und das Haus gegenüber dem Glückspunkt symbolisiert werden, dann lebt die Welt in Gottes Augen im Chaos.

Der Glückspunkt besitzt immer eine göttliche Eigenschaft, die über die individuelle persönliche Anstrengung, den Glauben und das Glücksgefühl hinausgeht. Darum ist es so wichtig, daß der Mensch bei der individuellen Suche nach seinem Besten nicht das verletzt, was schließlich das beste für die Entwicklung der Gesellschaft ist, in der er ja eine

Rolle spielt. Aus diesem Grund muß man sich mit allen Faktoren, die sich der Entfaltung des Glückspunkts entgegenstellen, auf positivste Art und Weise auseinandersetzen. Die Antwort darauf, wie man das tun kann, liegt in der menschlichen Fähigkeit, vollkommen unpersönlich mit all jenen Faktoren, Umständen und Ereignissen umzugehen, die sich im gegenüberliegenden Haus und Zeichen befinden. Diese Faktoren sind universale oder weltliche Einflüsse, die einen leicht von dem speziellen Weg ablenken können, der einem die größte Freude bringt. Man muß lernen, diese Umstände zu akzeptieren und so mit ihnen umzugehen, daß sie zur Evolution der Welt beitragen und man so nicht nur mit der göttlichen Güte zusammenarbeitet, sondern gleichzeitig bei all jenen Faktoren unpersönlich bleibt, die dem persönlichen Glücksgefühl abträglich zu sein scheinen.

Der Mensch wird in dem Haus und Zeichen, das dem Glückspunkt gegenüberliegt, mit seinem unpersönlichen Selbst konfrontiert. Dies schafft die Tendenz, die Einstellungen und Verhaltensmuster anderer Menschen zu reformieren. Hier beginnt man, den Teil in sich selbst zu verstehen, der nicht persönlich ist, der aber stattdessen die Rolle im übergeordneten Plan widerspiegelt. Wenn man auf diesem Lebensgebiet Liebe, Verständnis und Weisheit zeigt, die von Gott gegeben ist, erfüllt man seine Pflicht gegenüber dem Schöpfer. Je besser man das tut, um so mehr kann man den Glückspunkt erfahren. Auf diese Weise werden alle negativen Kräfte aus dem persönlichen Selbst entfernt und zwar durch das Erkennen und die Verwirklichung jenes Teils von einem, der für Gott bestimmt ist, für das unpersönliche Selbst. Das persönliche Freudegefühl des Glückspunktes und das unpersönliche Gefühl der Freude, wie man es durch den Ausdruck des mehr universalen Aspekts des Selbst im gegenüberliegenden Zeichen findet, können viel besser harmonisch zusammenwirken als in gegenseitigem Konflikt zueinander stehen.

Den genauen Grad des Zeichens gegenüber dem Glückspunkt, durch den jeder einen Teil der universalen Realität

erfährt, nenne ich den Punkt des Unpersönlichen Bewußtseins (impersonal consciousness = IC), mit dem Symbol IC.
Wenn ein Mensch seinen Punkt des Unpersönlichen Bewußtseins verwirklicht, wird die Unterstützung und Förde-
rung, die er aus diesem Gebiet seines Horoskops erhält,
mehr als reichlich sein. Nicht nur verschwinden Hindernisse, die einen sonst an der Erfahrung des großen Nutzens aus
dem Glückspunkt hindern, sondern man erhält tatsächlich
die richtige Sichtweise, durch die man große persönliche
Freude erfährt. Gleichzeitig kann man erkennen, daß man
ein integrierter Teil des kosmischen Ganzen ist.

Ob nun jemand Gott als weit entfernt, als unbestimmte
Gottheit betrachtet oder als Gesamtsumme der ganzen
wahrnehmbaren kosmischen Realität, spielt hier kaum eine
Rolle. Was allerdings wichtig ist, ist, daß der Mensch kein
richtiges Gefühl für das angemessene Glück und die angemessene Freude hat ohne das Gefühl der Zusammenarbeit
mit einer höheren Macht. Ob nun diese höhere Macht etwas
Unendliches ist, an das man glaubt, oder der Ursprung eines
vollkommen harmonischen Universums oder einfach etwas,
das uns in Einklang mit den Naturkräften bringt außerhalb
jeder persönlichen Kontrolle, besteht kein Zweifel daran,
daß in der Erkenntnis und der Zusammenarbeit mit dieser
Kraft das ganze Potential liegt, um großes Glück zu erfahren und das Verständnis, daß das eigene Leben ein fließen-
der Teil im gesamten Lebensstrom ist.

KAPITEL III

DER GLÜCKSPUNKT IN DEN HÄUSERN

Der Glückspunkt im 1. Haus

Hier wird der Mensch den größten Nutzen aus dem Leben ziehen, wenn er gelernt hat, rein subjektiv zu sein, nicht nur in Bezug auf auf sich selbst, sondern auch in seiner Einstellung zur Welt im allgemeinen. Normalerweise sieht man ein subjektives Bewußtsein im Vergleich zu einer objektiven Sichtweise der Realität als negativ an. Jedoch hat der Mensch mit einem Haus I − Glückspunkt die größten Erfolge, wenn er fähig ist, sich selbst und seine Umwelt mehr mit eigenen Augen zu sehen als mit denen anderer. Die Idee vom Erfolg in einem bestimmten Lebensbereich basiert auf der Fähigkeit, Energie zielstrebig in eine einzige Richtung zu lenken. Dafür muß man eine höchst subjektive, auf einen Punkt konzentrierte Lebenseinstellung entwickeln. Wenn der Mensch lernt, daß alles aus ihm selbst kommt, wird er unabhängiger von den Meinungen, die andere über ihn und sein Tun haben.

Wenn der Glückspunkt im 1. Haus steht, ist es naheliegend, daß Sonne und Mond im Horoskop eine Konjunktion bilden. Hierdurch erkennt man, wie wichtig es für den Menschen ist, die Kraft beider Planeten zusammenzubringen, so daß er sich selbst als das Zentrum seines Lebens ansehen kann und schließlich nach Vollkommenheit strebt. Seine Umwelt wird dann mit seinen eigenen Zielen und Ambitionen übereinstimmen. Für diesen Menschen ist es wichtig, sein ganzes Leben lang einen sinnvollen Weg einzuschlagen. Von anderen wird er wenig Hilfe bekommen, es sei denn, er bittet darum. Doch durch Bitten schwächt er die Vorteile seines Haus I − Glückspunktes, weil er sich dann weniger auf die Kraft seines harmonischen Selbst verläßt, die er entwickeln kann. Er erreicht sein größtes Glück, wenn er Unabhängigkeit und Selbstgenügsamkeit zeigt. Ganz gleich, welche Ziele und Ambitionen er im Leben verwirklicht und wie großartig sie auch scheinen, im Vergleich zu dem Verständnis, das er bei seiner Selbstfindung erlangt, sind sie alle nur zweitrangig.

Wenn der Mensch in der Lotterie gewinnt, wird dies dann geschehen, wenn er allein ist. Wenn er im Beruf berfördert wird, hat er das nicht irgendwelchen Leuten zu verdanken. Wenn er in einem Antiquitätenladen zufällig einen guten Fund macht, dann nicht deshalb, weil ihm jemand davon erzählt hat. Er wird seinen eigenen Goldschatz finden, vorausgesetzt, daß er bereit ist, das selbst zu tun.

Bei seinem Erfolgsstreben wird er herausfinden, daß sich sein Konkurrenzdenken am besten auswirkt, wenn er versucht, vergangene Erfolge noch zu übertreffen, anstatt mit Kräften, Menschen oder äußeren Umständen zu kämpfen. Dadurch verliert er nur seine Konzentration und verschwendet seine Energien.

Mit dieser Stellung des Glückspunktes gewinnt die persönliche Erscheinung an Bedeutung. Je mehr der Mensch lernt, anderen durch sein harmonisches Äußeres und sein freundliches Wesen zu gefallen und je mehr er bereit ist, keine Unruhe in ihrem Leben zu stiften, desto mehr Raum werden sie ihm zugestehen.

Da der Punkt des Unpersönlichen Bewußtseins ins 7. Haus fällt, muß dieser Mensch eine unpersönliche und spirituelle Einstellung zur Ehe und allen anderen zwischenmenschlichen Beziehungen entwickeln. In Gesellschaft anderer wird er seine höchsten Wahrheiten erkennen. Die Menschen werden die Ursache dafür sein, daß er sich innerlich öffnet. Wenn er fähig ist, diese Erkenntnisse und Wahrheiten auf sich selbst anzuwenden, werden sie schließlich die Oberhand über das begrenzte Ego gewinnen. Durch das Verständnis der Selbstlosigkeit kann man die Freiheit einer höheren Ordnung erfahren, einer Ordnung, in der persönliche Bedürfnisse und die Bedürfnisse anderer das Kennzeichen der Isolation verlieren. Das begrenzte Ego dient dem höheren

Selbst, das bei allen Menschen gleich ist. Mit zunehmender Dominanz des höheren Selbst erlebt man die Freude der wahren Selbstverwirklichung.

Der Glückspunkt im 2. Haus

Hier erreicht der Mensch erst dann seinen Goldschatz, wenn er seine wahren Werte entdeckt hat. Er muß sich feste Grundlagen schaffen, damit er mit den Jahren immer sicherer wird, wo er eigentlich steht. Dem Wind der Veränderungen standhaltend, strebt er danach, für sich und andere Beständiges aufzubauen, das dem Dasein schließlich eine reichere Bedeutung gibt.

Für diesen Menschen sind Geld und die Dinge, die man damit kaufen kann, sehr wichtig, aber nur insoweit seine Besitztümer seine wahren Werte wiederspiegeln. Indem er lernt, was von Nutzen ist und was nicht, erkennt er schließlich, daß der Besitz von nützlichen Dingen nichts Schlechtes ist. Leid entsteht nur durch Festhalten an Dingen, die ihre Nützlichkeit schon verloren haben.

Geld kann diesen Menschen in einem Bestreben, das seine wahren Werte reflektiert, ausgesprochen glücklich machen. Andererseits kann er das genaue Gegenteil erfahren, wenn er versucht, etwas zu bekommen oder zu besitzen, das seinen höchsten Werten nicht entspricht.

Sein unpersönlicher Teil, der vom Punkt des Unpersönlichen Bewußtseins im 8. Haus symbolisiert wird, erfährt die Werte der anderen Menschen. Er neigt dazu, diese Werte bis zu dem Grad zu verinnerlichen, wo er lernen muß, zwischen seinen eigenen Werten und den Werten anderer zu unterscheiden.

Die größte Schwäche bei dieser Glückspunktstellung liegt darin, daß man sich zu leicht beeinflussen läßt, weil man die sexuellen Werte anderer übernimmt oder reflektiert. Das größte Glück entsteht daraus, daß man eine innere Festigkeit erlangt, die unabhängig davon ist, ob sie den Freunden oder auch der Gesellschaft entspricht. Der ständig angestrebte Reichtum zeigt sich schließlich in Form eines Prinzips, durch das man lernt, sein Leben selbst in die Hand zu nehmen. So fest dieses Prinzip auch sein mag, muß man andere Menschen ihre eigenen Regeln finden lassen. Weil man solange nach dem zentralen Prinzip des persönlichen Daseins gesucht und es gefunden hat, möchte man es aufgrund dessen nun auch anderen vermitteln. Man wird dies auch versuchen, doch man muß lernen, daß man nur geschwächt wird und seinen eigenen Bezugspunkt verliert, wenn der, mit dem man spricht, gar nicht zuhört. Was für einen selbst richtig ist, kann auch für die ganze Welt richtig sein. Aber man sollte unbedingt daran denken, daß man riskiert, sein Ziel aus den Augen zu verlieren, wenn man versucht, Menschen zu geben, die unfähig sind zu nehmen.

Durch den Punkt des Unpersönlichen Bewußtseins im 8. Haus muß dieser Mensch lernen, die Werte der Welt objektiver zu betrachten. Man muß nicht allem zustimmen, was man sieht. Man muß verschiedene Meinungen und Einstellungen gelten lassen, die den eigenen widersprechen. Sie zu verstehen bedroht die Sicherheit, die man in seinem eigenen Glauben findet, nicht. Die Welt soll ihren Lauf nehmen können.

Wenn man zu dieser Einstellung gelangt ist, erkennt man, daß die ganze Heuchelei auf der Welt nur sehr geringen Einfluß auf das persönliche Glück hat. Dualität ist relativ. Es ist wichtig, die sogenannte Dualität so zu sehen, daß man sie auflösen kann. An diesem Punkt kann man schließlich den Unterschied zwischen dem, was persönlich von Bedeutung ist und was nicht, erkennen.

Es ist interessant, daß der Glückspunkt im 2. Haus den Aufbau von Substanz beinhaltet, der Punkt des Unpersönlichen Bewußtseins im Haus VIII hingegen die Zerstörung der falschen Aspekte dieser Substanz. Diese Substanz kann physischer oder geistiger Natur sein. Der Punkt des Unpersönlichen Bewußtseins in diesem Haus zeigt Werte auf, die nur wenig zum Aufbau der Substanz des persönlichen Glücks beitragen. Dieser Mensch wird die Abneigung der Freunde und Bekannten jeder Veränderung gegenüber spüren und folglich oft in Konflikt mit ihnen geraten. Wegen der grundlegenden Wertunterschiede wird er Freundschaften verlieren. Doch durch diesen Verlust bringt man einen wichtigen Teil der göttlichen Natur zum Ausdruck. Durch sein eindrucksvolles Beispiel kann dieser Mensch die Wichtigkeit, zu sinnvollen Prinzipien zu stehen, vermitteln. Wenn man fähig ist, bei Haus VIII – Erfahrungen wirklich unpersönlich zu sein, so werden die Konflikte auf ein Minimum herabgesetzt und beeinträchtigen den Aufbau des persönlichen Glücks durch den Glückspunkt im Haus II nicht länger. Darum zeigt die Stellung des Punktes des Unpersönlichen Bewußtseins, welche Bausteine in unsere eigene Persönlichkeit passen und welche in die Persönlichkeit anderer. So entwickelt man hier die Fähigkeit zu erkennen, was für einen persönlich sinnvoll und notwendig ist.

Der Glückspunkt im 3. Haus

Hier liegt die größte Erfüllung in der Freude an der Kommunikation in Beziehungen. Dieser Mensch möchte von anderen ernst genommen und verstanden werden. Die Sprache und ihr Gebrauch sind ihm sehr wichtig. Er versucht zu verstehen, wie andere denken und welche Ansichten sie haben, damit sein eigenes Denken eine breitere Perspektive erhält. Je klarer er die Beziehungen zwischen Menschen und Dingen im Leben sehen kann, desto mehr entwickelt er seine Denkfähigkeit. Diese Fähigkeit, klar zu denken, wird ihm schließlich das größte Glück bringen. Ständig hat er das Bedürfnis, seine Wahrnehmungsfähigkeit zu verfeinern und es macht ihm große Freude, anderen beizubringen, wie sie es ebenso machen können. Dieser Mensch teilt gerne seine Ideen, was ihm ein Gefühl des Wachstums und der Sicherheit gibt. Hier basiert die Sicherheit mehr auf Gedanken als auf materiellen Dingen.

Der Punkt des Unpersönlichen Bewußtseins im 9. Haus bringt eine einzigartige Erfahrung in Bezug auf das individuelle Bewußtsein. Hier finden göttliche, kosmische Ideen einen unpersönlichen Ausdruck durch den höheren Verstand. Und doch erlebt der Mensch große Lebensfreude durch die Ideen, die durch den niedrigen oder rationellen Verstand ausgedrückt werden. Bis der Unterschied zwischen dem sehr persönlichen, niederen Geist und dem unpersönlichen, höheren Geist erkannt ist, bestehen natürlich Konflikte.

Aber zweifellos hält dieser Mensch ein höheres Bewußtsein für wünschenswerter als ein niederes. Bis jetzt ist er jedoch nicht in der Lage, in diesem höheren Bewußtsein zu leben. Darum muß er zwischen den Idealen, die der Menschheit als Wegweiser dienen und der Realität, in der sie verwirklicht werden müssen, unterscheiden lernen. Mit diesen höheren Idealen wird er ständig konfrontiert. Wenn er die darin enthaltene Weisheit annehmen kann und sie auf sein eigenes Leben anwendet, verfeinern sich seine Beziehungen, die sich auf seine Kommunikationsfähigkeit stützen. Dies geschieht, weil er etwas Wichtiges zu sagen hat. Er muß lernen, nicht zu urteilen, denn die Ideen aus seinem Punkt des Unpersönlichen Bewußtseins im 9. Haus sind oft für andere ebenso schwer zu realisieren wie für ihn selbst. Es ist zwar wichtig, daß er seine Ideen der Welt mitteilt, doch für sein eigenes Glücksgefühl ist es genauso wichtig, diese Ideen niemandem aufzuzwingen, der sie nicht annehmen will. Da er von Natur aus ungeduldig ist, muß er lernen, auf den geeigneten Augenblick zu warten, der wirkliches Lehren ermöglicht. Wenn er eine Idee auf einzigartige Weise ausdrückt, so daß sie beim anderen Verständnis erweckt, gibt ihm dies die freudige Erkenntnis, nützlich zu sein. Er lernt zu verstehen, daß die Gesellschaft seine Ideen braucht. Je besser er göttliche Ideen völlig unpersönlich ausdrücken kann, desto mehr Anerkennung wird ihm zuteil werden.

Da er sich durch den Punkt des Unpersönlichen Bewußtseins im 9. Haus schon viele verschiedene Gedanken über

Religion, Philosophie und Lebensanschauungen gemacht hat, ist er am glücklichsten, wenn die höchsten Wahrheiten die geistigen Grenzen überschreiten, die die Menschen trennen. Viele Menschen mit dem Glückspunkt im 3. Haus beschäftigen sich mit dem Studium verschiedener religiöser, ethnischer oder spiritueller Themen. Darum bleiben ihre persönlichen Beziehungen unbeeinträchtigt von einer einseitigen Anschauung. Eine der Voraussetzungen für Verständnis ist Fairneß, die aus der Fähigkeit resultiert, alle Aspekte einer Situation zu erfassen. Weil dieser Mensch in der Lage ist, in alle menschlichen Beziehungen ein höheres Verständnis einzubringen, wird er durch jede zwischenmenschliche Begegnung großes Glück erleben.

Der Glückspunkt im 4. Haus

Hier erlebt der Mensch die größte Freude, wenn er beginnendes Leben hegt und pflegt, sei es menschliches Leben, Pflanzen, Haustiere, die Geburt einer Idee oder der Beginn einer Unternehmung, die für ihre Entwicklung besonderer Sorgfalt bedarf. Im Geben findet dieser Mensch tiefe Erfüllung. Das Gefühl der Vollkommenheit, das der Glückspunkt hervorruft, entsteht daraus, daß man fühlt, wie sehr man gebraucht wird. In seinem ganzen Tun möchte sich dieser Mensch verwurzeln. Er strebt danach, sich ein emotionales Fundament aufzubauen, das fest genug ist, um zukünftiges Wachstum zu fördern.

Durch den Punkt des Unpersönlichen Bewußtseins im 10. Haus muß man lernen, daß die Dinge Zeit brauchen, um zu reifen. Man neigt dazu, die Ernte einzuholen noch bevor man überhaupt gesät hat. Darum muß man hier lernen, daß man sich Ziele setzt, um seinem Leben einen reicheren Sinn und eine Richtung zu geben. Die Vorstellung des verwirklichten Ziels darf einen nicht darüber hinwegtäuschen, daß man sein Ziel ja noch gar nicht erreicht hat. Darum muß man die großartigen Gefühle der Vollendung, die einen bei jedem erreichten Ziel überkommen und die man schon bei der Zielsetzung in der Einbildung erlebt, realistisch sehen: man kann sie nicht eher erreichen, bis man den Samen dafür gesät hat. Für den Menschen mit einem Haus IV – Glückspunkt liegt die große Freude nicht so sehr in der letztendlichen Verwirklichung als vielmehr in den ersten, entschlossenen Schritten jeder Reise.

Um den Punkt des Unpersönlichen Bewußtseins im 10. Haus in der richtigen Weise zu verstehen, muß dieser Mensch das Bedürfnis nach einer festen Ordnung in der Welt erkennen und einsehen. Er muß fähig sein, die Struktur der gegenwärtigen Gesellschaft zu sehen. Aber er darf nicht zulassen, daß seine Gefühle durch ihre feste Struktur und die Reichweite der sozialen Ordnung eingeschüchtert werden, soweit es die scheinbar belanglosen, aber doch so wichtigen Anfänge betrifft, die er unternimmt. Aus diesen Anfängen wird sich schließlich seine ganz eigene Struktur entwickeln. Daher soll er das System, die Stärke und die Macht der bestehenden Gesellschaft als das ansehen, was der Welt ihre Struktur verleiht. Aber er darf sich nicht mit dieser Struktur identifizieren, denn sonst wird er das Gefühl für sein eigenes Ziel verlieren.

Dieser Mensch findet den Goldschatz tatsächlich am Anfang des Regenbogens. Der Bauer weiß nicht, welcher der Samen aufgehen wird, und doch pflegt er jeden von ihnen gleich. Es liegt in seiner Natur zu sorgen. Bei dieser aufmerksamen Behandlung sprießen die Samen und schlagen Wurzeln. Hierin findet der Mensch seine größte Freude. Was er persönlich hegen und pflegen kann, wird ihm ein Gefühl des Einsseins mit dem Ursprung der Schöpfung geben. Durch den Punkt des Unpersönlichen Bewußtseins im 10. Haus wird er mit allen Aspekten der materiellen Welt konfrontiert und muß sich damit auseinandersetzen. Er weiß sehr genau um diese Dinge. Es ist wichtig, sie zu akzeptieren, denn diese Faktoren üben einen großen Einfluß auf den Ausgang aller Anfänge aus. In unpersönlichem Sinne symbolisieren sie die Vollendung aller Anfänge in der Welt.

Hier kann man die Verantwortung des Menschen dem Menschen gegenüber erkennen. Wenn man fähig ist, seinen Verantwortungen in unpersönlicher Weise gerecht zu werden, wird man niemals das Gefühl der Sicherheit verlieren.

Diesem Menschen wird große Freude zuteil, wenn er natürlich ist und die scheinbar künstliche Welt nicht verletzt noch sich von ihr beeinträchtigen läßt. Hier muß man bedächtig und nachsichtig sein und darf das Ungeschliffene und Unsensible nicht in Unordnung bringen. Dieser Mensch hat einen starken Bezug zur Erde und zur Natur. Daher versucht er, andere Menschen über Ökologie und die Erhaltung des Ursprungs aller Dinge aufzuklären. Je näher er am Ursprung des Daseins bleibt, desto glücklicher ist er. Große Freude wird ihm auch durch den Sinn für Natürlichkeit zuteil, doch muß er auch lernen, das scheinbar Künstliche zu akzeptieren.

Für einige bedeutet diese Glückspunktstellung große Erfüllung durch einen Elternteil oder weil sie mit einem Erbe oder einem Vorfahren eng verbunden sind. Für andere bedeutet es die Sicherheit und Erfüllung, mit den Wurzeln ihrer Seele in Fühlung zu sein. Ganz gleich, auf welche Weise der Einzelne seinen Glückspunkt suchen wird, seine größte Freude wird er dann verwirklichen, wenn er das weltliche Ego, das er durch seinen Punkt des Unpersönlichen Bewußtseins im 10. Haus fühlt, nicht mit seiner wahren inneren Natur in Verbindung bringt, die wie ein Naturkind fühlt, mit dem Leben fließt, atmet und wächst.

Der Glückspunkt im 5. Haus

Hier erlebt der Mensch die größte Freude, wenn er sich schöpferisch betätigt. Ob sich dies nun in einem besonderen Talent äußert oder nur in der Art, spielerisch mit dem Leben umzugehen, kann er sich mit allem, was er schafft, persönlich identifizieren. Darum ist nicht nur alles, was er tut, ein Produkt seines Selbst, sondern er wird seinerseits zum Produkt von allem, was er tut. Er besitzt die große Begabung, seine Träume in die Realität umzusetzen. Die Wirklichkeit, in der er lebt, schafft er sich zum großen Teil selbst. Der Punkt des Unpersönlichen Bewußtseins im 11. Haus malt sich eine ideale Wirklichkeit aus und wegen diesem Ideal muß dieser Mensch nun schöpferisch tätig werden. Doch wenn die Ideale zu niedrig sind und von Freunden beeinflußt werden, deren Ideale nicht gerade hoch sind, dann nimmt die schöpferische Begabung ab. Wenn andererseits der Freundeskreis die Hoffnungen, Träume und Wünsche bestärkt und sie ein wenig über sein Vorstellungsvermögen hinausführt, ohne den Rahmen seiner Möglichkeiten zu verlassen, dann wird der kreative Haus V – Glückspunkt verstärkt. Um sein größtes Glück zu erlangen, muß dieser Mensch nicht nur vorsichtig bei der Wahl seiner Freunde sein, die seine Freude inspirieren oder zerstören können, sondern auch bei seinen Träumen. Ein altes Sprichwort sagt: »Achte darauf, was du dir wünschst, denn es könnte sich erfüllen!«. Nicht trifft auf den Menschen mit einem Haus V – Glückspunkt besser zu. Bis dieser Mensch lernt mit allen Freundschaften unpersönlich umzugehen und seine Träume nur als Sammlung von Symbolen aus dem universalen Unbewußten ansieht, erfährt er einen übermäßigen Haus XI – Einfluß auf seine Kreativität. Wenn er dann seinen Träumen mehr glaubt als den tatsächlichen Leistungen, kann dies seine Fähigkeiten leicht zunichte machen. Da dieser Mensch nach totalem Ausdruck strebt, muß er lernen, daß Zeit ein wertvolles Gut ist. Obwohl er sich den Luxus der Tagträumerei wünscht, muß er erkennen, daß sie seinen kreativen Impuls beeinträchtigt.

Der Punkt des Unpersönlichen Bewußtseins im 11. Haus kann dafür benutzt werden, neue Ideen in die Welt zu setzen. Aber man darf sich nicht mit ihnen identifizieren, es sei denn, sie eignen sich für die kreative Verwirklichung. Es ist wichtig, sich daran zu erinnern, daß jede Schöpfung zu einem Prozent Inspiration und zu 99 Prozent Arbeit und Mühe ist. Zwischen dem Wissen, daß man etwas tun kann und der Ausführung desselben besteht ein großer Unterschied.

Wenn man den Punkt des Unpersönlichen Bewußtseins im 11. Haus richtig einsetzt, kann man große Schönheit erfahren, denn hier erkennt man die höher strebenden Träume des Menschen. Wenn man sich selbst unpersönlich verhält, wird man ein Teil der Träume im universalen Bewußtsein. Hier findet man auch einen großen Idealismus in Bezug auf Freundschaften, der scheinbar auf keiner Realität basiert und doch ein schöpferischer Quell ist. Freunde bewundern diesen Menschen und diese Bewunderung kann ihn dazu inspirieren, mit Hilfe seines Haus V — Glückspunktes kreativ zu werden.

Im allgemeinen enthält der Punkt des Unpersönlichen Bewußtseins im 11. Haus große Weisheit, aber man darf dieses Geschenk nicht mißbrauchen, indem man damit »große Töne spuckt«. Je mehr man über sein Vorhaben spricht, um so weniger Willen und Energie hat man zur Verfügung. Dieser Mensch weiß um die Notwendigkeit der Träumer in der Welt und er ermuntert sie auch. Er weiß, daß die Träumer die unsichtbare Quelle der Schöpfung sind. Auch hat er Verständnis für die Begriffe Objektivität und Neutralität. Doch seine größte Freude erlangt er dadurch, daß er sich tief und intensiv in Beziehung zu allem setzt, was er erschaffen kann.

Viele Menschen mit dieser Glückspunktstellung werden am glücklichsten durch eine außergewöhnliche Schöpfung, entweder auf dem Gebiet der Kunst oder des Schauspiels oder durch ein Kind. Stets dient dieser Mensch der Menschheit, indem er sich mit Träumen beschäftigt, mit denen die Menschen nicht umgehen können, indem er sie aussortiert und das verwirklicht, was er aus ihnen für sein persönliches Schaffen gelernt hat. Er wird feststellen, daß viele Menschen scheinbar nicht den Willen haben, ihre Vorstellungen in die Tat umzusetzen. Wenn er versucht, sie mit seinem eigenen Willen anzuspornen, weil er meint, daß sie sich mehr engagieren sollten, ruft er nur ihren Widerstand hervor.

Er besitzt ein großes Erfahrungsspektrum im universalen

Bewußtsein. Für den kreativen Menschen gibt es keine größere Freude als im Leben aktiv zu handeln, zu sein und zu werden. Man fühlt sich dem Schöpfer näher, wenn man ihn nachahmt. Aber auch für die wirkliche innere Unabhängigkeit von Ereignissen und Umständen hat man Verständnis, denn auch sie spiegelt den Schöpfer wieder. Das ist die Freude des Glückspunktes im 5. Haus.

Der Glückspunkt im 6. Haus

Mit dieser Glückspunktstellung erlebt man viel Glück durch seine Arbeit. Der Mensch verwirklicht sich durch überlegten Umgang mit seiner Zeit und seiner Energie. Er sieht, wie andere in ihrer Vergangenheit steckenbleiben, weil sie über Situationen nachgrübeln, die schon längst geklärt sind. Er besitzt die Fähigkeit, sich über diesen negativen Gefühlswirrwarr hinwegzusetzen, weil er durch sein ausgesprochen aktives Wesen ständig arbeitet und dient. Er weiß, wie man in der Gegenwart bleibt, indem man sich mit den Details befaßt, die die meisten Menschen ignorieren oder übersehen und von denen sie meinen, daß sie schon irgendwie von selbst wieder verschwinden werden. Er vermeidet, daß sich etwas bis zu dem Punkt zuspitzt, an dem es die Freude beeinträchtigt. Durch die Systematisierung seines Lebens fühlt er sich erfüllt. Er möchte sein Leben so gut organisieren, daß es wie eine gut geölte Maschine funktioniert. Je mehr er dies fertig bringt, desto stärker fühlt er, daß er am Zentrum des Daseins beteiligt ist.

Durch den Punkt des Unpersönlichen Bewußtseins im 12. Haus empfindet er die inneren Bedürfnisse des Menschen. Er ist sehr empfänglich für schöpferische Kräfte, aber es ist für ihn wichtig zu lernen, wie er diese Kräfte einsetzen kann und nicht nur passiver Beobachter bleibt. Er fühlt auch eine große Verpflichtung gegenüber der Gesellschaft, denn durch das 12. Haus kann man sehr mitfühlend sein. Doch mit diesem Mitgefühl muß man aktiv werden, sonst verkehrt es sich in Kummer.

Der Schlüssel zum Glück ist hier die Aktivität. Mit dem Wissen um die Unendlichkeit muß man in der endlichen Welt wirken, wo man seine Talente am besten einsetzen kann. Von allen Glückspunktstellungen im Tierkreis weiß dieser Mensch am besten, wie man etwas tut. Durch sein tiefes Verständnis in die Funktionsweise der Dinge und seine Fähigkeit, durch das 12. Haus das unendliche Ganze zu sehen, besitzt dieser Mensch ein außergewöhnliches Potential für die richtige Handlungsweise.

Dieser Mensch ist am glücklichsten, wenn seine Arbeit das Bedürfnis eines anderen Menschen zufriedenstellt. Für manche Menschen bedeutet die Vorstellung von Dienstbarkeit und Arbeit ein lästiges Übel in ihrem irdischen Dasein. Mit dem Glückspunkt im 6. Haus hingegen ist man am meisten im Einklang mit seinem Wesenskern, wenn man weiß, wie gut man im Sinne seiner Veranlagung tätig ist, was einen sehr glücklich macht.

Beim Glückspunkt im 6. Haus besteht die Tendenz, eine sehr nachdenkliche Jugend im 12. Haus zu verbringen. Dann gelangt man zu der Erkenntnis, daß alle Gefühle nicht persönlich sind, sondern nur eine Begabung, das Negative ebenso wie das Positive, das Universale und das Unendliche wiederzuspiegeln. Hier tut man am besten daran, nicht weiter über die große, kosmische Realität nachzudenken, die über das hinausgeht, was man mit seinen fünf Sinnen wahrnehmen kann. Dann ist der Mensch am besten im Einklang mit dem Universum. Wenn er seine Zeit aber darauf verwendet, mit den kosmischen Kräften in Harmonie zu kommen, erreicht er genau das Gegenteil. Wenn er sich andererseits in seinem Leben der Verbesserung seiner natürlichen Fähigkeiten widmet, dann beginnt das Universum, mit ihm zusammenzuarbeiten. Dadurch wird ihm große Freude zuteil.

Der Glückspunkt im 7. Haus

Hier erlebt der Mensch seine größte Freude durch andere. Diese Glückspunktstellung ist eine der spirituellsten und einzigartigsten, denn der Punkt des Unpersönlichen Bewußtseins fällt in das 1. Haus, das Haus der Identität des Selbst. Der Mensch lebt eine unpersönliche Identität, die nur in Gegenwart anderer persönlich wird. Immer sucht er nach Vereinigung, sei es in der Ehe, der Freundschaft oder der Kameradschaft. Diese und andere Formen der Beziehung bringen ihn näher dahin, die persönliche Identität eines anderen zu erfahren. In anderen sieht er immer mehr Freude als in sich selbst. Folglich neigt er dazu, anderen ihr eigenes, persönliches Glück stärker bewußt zu machen.

In vieler Hinsicht ist er ein Diener, denn durch sein ganzes Selbst drückt er Gott aus. Daher lebt er wahrhaftig eine unpersönliche Identität, weil sich all seine Wünsche auf das Wohl anderer richten. Er kann die Bedürfnisse anderer spüren und motiviert sie, sich diese auch zu erfüllen. Durch die Entwicklung der anderen wird ihm seine eigene Freude zuteil.

Da seine eigene Identität nicht auf einer rein persönlichen Ebene liegt, kann er die Welt objektiv sehen. Er beschäftigt sich mit Aktion und Reaktion, mit Ursache und Wirkung und besonders mit den menschlichen Beziehungen. Darum wird er eines Tages wissen, wie man jene Faktoren verbindet, die Gott für den Menschen als Erfahrung einer vollkommenen Vereinigung bestimmt hat. Er wird vieles von sich opfern, um diese Vereinigung zu erreichen, und wenn er es geschafft hat, wird er wissen, daß die Liebe, die er bekommt, viel reicher und tiefer ist als die, die die meisten Menschen erleben.

Auf unbewußter Ebene sorgt er sich mehr um andere, als diese um sich selbst. Er versucht, die Lücken im Leben der anderen zu füllen, oft indem er ihre seelischen Wunden lindert und ihre Schwierigkeiten erleichtert. Was er für sich selbst will, kann er jedoch nur schwer sagen, und den Kurs, auf dem sein Schiff schließlich steuert, werden ihm andere Menschen weisen.

Dieser Mensch wird in seiner Jugend von äußeren Kräften zu leicht beeinflußt und weiß tatsächlich nicht, wohin er steuert. Sobald er fähig ist, sein unpersönliches Selbst zu finden, zu verstehen und zu akzeptieren, gelangt er in innere Harmonie, die zum wichtigsten und befriedigendsten Faktor in seinem Leben wird und ihm die größte Freude bringt.

Da Glück und ein günstiges Schicksal immer durch andere Menschen verursacht werden, gehört dieser Mensch zu den wenigen, die dann glücklich sind, wenn alles, was sie denken und tun dazu bestimmt ist, den Menschen, den sie lieben, zu erfreuen. Das ist der wahre Wunsch seiner Seele und dieser Wunsch hat Vorrang vor allen anderen Wünschen, die das Horoskop eventuell anzeigt.

Wenn eine persönliche Vereinigung mit einem anderen Menschen fehlt, entsteht Disharmonie und ein Gefühl der Ziel- und Sinnlosigkeit im Leben. Durch Geben wird ihm die größte Freude zuteil. Wenn er nehmen will, wird ihm seine eigene Unvollkommenheit noch stärker bewußt, ein Resultat der Identifikation mit dem persönlichen Selbst.

Der Glückspunkt im 8. Haus

Dieser Mensch wird seine größte Freude durch das erfahren, was andere ihm geben. Hier erweisen sich die Wertsysteme, die scheinbar über die Persönlichkeitsstruktur hinausgehen, als die besten. Diesem Menschen wird ständig »ein anderer Weg« gezeigt. Jedesmal, wenn er aufgeschlossen ist, um den anderen Weg auszuprobieren, macht er neue persönliche Entdeckungen. Dieser Mensch prüft die Werte der anderen Menschen und möchte wissen, was andere Leute schätzen. Je mehr er von diesen äußeren Werten entdecken und für sein eigenes Leben verwenden kann, desto reicher wird seine Erfahrung. Seine eigenen Werte, besonders solche, die ihre Nützlichkeit schon überlebt haben, können überprüft und angesichts dieser äußeren Anregungen zu einer neuen Existenzberechtigung gelangen. Der Mensch lernt jetzt den großen Wert der Flexibilität.

Um dieses Wachstum nicht zu beeinträchtigen, muß man durch den Punkt des Unpersönlichen Bewußtseins im 2. Haus erkennen, daß alle Werte, die man für persönlich gehalten hat, nicht die eigenen sind. Stattdessen sind sie ein unpersönlicher Ausdruck des Gewinn- und Besitzstrebens. Die Haus II – Haus VIII – Polarität ist ein Tauziehen zwischen dem, was man festhalten und dem, was man loslassen muß. Die teuersten Besitztümer sollten für diesen Menschen jene Werte sein, die wahr und dauerhaft sind. Was seine Nützlichkeit verloren hat, muß aufgegeben werden. Das ist keine leichte Aufgabe.

Durch den Haus VIII – Glückspunkt zeigen ihm andere Menschen alles, was ihn belastet und auch alles, was die vorübergehende Qualität momentaner Wünsche überschreitet. Alles Wertlose wird von denen zerstört, die ihn lieben. Dadurch schaffen sie Raum für den Punkt des Unpersönlichen Bewußtseins im 2. Haus, damit durch ihn die wahren Werte und Besitztümer verwirklicht werden können, die die göttliche Natur für den Menschen vorgesehen hat.

Vielleicht muß dieser Mensch mehr als bei jeder anderen Glückspunktstellung im Tierkreis viel von seinem Ego opfern, damit sich sein Haus VIII – Glückspunkt zu seinem Vorteil auswirken kann. Er strebt nach einem persönlichen Vermächtnis. Ob dies nun in Form von Geld, Ideen, neuen Werten, Bereicherung der Sexualität oder bewußter Erfüllung der Essenz des Seins erscheint, muß er lernen zu verstehen, daß er nicht alleine auf der Welt ist.

Weil sein größtes, persönliches Glück immer durch einen anderen Menschen kommen wird, muß er lernen, demütig zu sein und er muß erkennen, daß die von ihm gewählten Werte letztlich weniger wert sind als die, die ihm andere geben. Aus diesem Grund sollte er keinen Besitzanspruch an seine eigenen Werte stellen. Er sollte lieber zulassen, Wertsysteme und Ideen gegenüber aufgeschlossen zu sein, die seinen Prinzipien zunächst fremd erscheinen, die ihm aber tatsächlich die Freude bringen, seine Seele zu regenerieren.

Der Glückspunkt im 9. Haus

Mit dem Glückspunkt im 9. Haus erlebt der Mensch die größte Freude durch die Wahrheitsfindung. Er ist auf der Suche nach einer kosmischen Realität, die über die irdische Daseinserfahrung in den alltäglichen Beziehungen hinausgeht.

Der Punkt des Unpersönlichen Bewußtseins im 3. Haus bedeutet, daß die Welt anscheinend voller Menschen ist, die zwar alle miteinander reden, ohne sich zuzuhören und zu verstehen. Hier erweist sich die Zweideutigkeit der Worte als Behinderung und Entstellung der Wahrheit. Man muß lernen, dies unpersönlich und mit Abstand zu betrachten, damit man versteht, daß Dualität das Wesen der menschlichen Erfahrung ist. Hat man das einmal verstanden, dann ist wirkliche Kommunikation möglich.

Dieser Mensch wird oft merken, daß er Gedanken zum Ausdruck bringt, die nicht vollkommen der Wahrheit entsprechen. Der muß lernen, dies als Ausdruck eines Teils zu akzeptieren, der durch die menschliche Sichtweise der scheinbaren Dualität verinnerlicht wurde. Wenn sich der Haus IX – Glückspunkt günstig auswirken soll, muß man verstehen, daß man durch die Kenntnis der Unwahrheit zur Wahrheit gelangen kann. Je mehr Dualität man erfährt und zum Ausdruck bringt, desto stärker ist der Wunsch nach einer höheren Wahrheit, um die Dualität in der Einheit aufzulösen.

Die Stellung des Glückspunktes im 9. Haus verursacht eine starke Identifikation mit dem Göttlichen oder einem personifizierten Gott. Menschen mit dieser Glückspunktstellung erleben auch größere Bewußtheit und universale Wahrheit mit sich alleine und im Einklang mit den Kräften der Natur. Dazu hat man in dieser Welt nicht oft die Möglichkeit und so ist dieser Mensch oft gezwungen, auf etwas niedrigeren

Ebenen zu kommunizieren, als er unter idealen Bedingungen erlebt. Wenn er die mehr irdischen Bewußtseinsebenen erkennt und akzeptiert und eine ausgewogene Objektivität erlangt, bleibt die Freude erhalten und das Kommunikationsbedürfnis kann sich durch den Punkt des Unpersönlichen Bewußtseins im 3. Haus erfüllen. Darum sollte dieser Mensch, ohne auf andere herabzusehen, seine eigenen Maßstäbe nicht deshalb herabsetzen, um sich jemandem verständlich machen zu können, der anscheinend weniger bewußt ist als er. Gewöhnlich ist der andere Mensch genauso bewußt wie er, nur nicht so erfahren in den Feinheiten der nicht-dualen Denkweise. Auf jeden Fall ist es immer am besten, die höchsten Wertmaßstäbe aufrechtzuerhalten. Dies ist im allgemeinen für alle Beteiligten von Nutzen und hebt die Ebene der Gedanken und des Seins.

Wenn man versucht, die Weisheit vom höheren auf den niedrigen rationellen Verstand zu übertragen, verliert sie viel von ihrer natürlichen Schönheit. Der Berg steht und das Tal kann nicht umhin, ihn zu sehen. Würde der Berg ins Tal herunter kommen, wäre er kein Berg mehr. Darum muß der Mensch mit dem Haus IX – Glückspunkt, der die Freuden der Natur und die Erfahrung kosmischer Realität sucht, lernen, in einer Alltagswelt von Ideen und Gedanken zu leben und zu wirken, die anscheinend von geringerer Bedeutung sind. Er muß diese Ideen nicht nur tolerieren, sondern auch ihre Notwendigkeit einsehen, so wie das Tal für den Berg notwendig ist. Das Tal ist der Boden, auf dem der Berg steht. Auf diese Weise wird dem Menschen das Wesen der Realativität bewußt. Die Unwahrheit der Dualität wird klar. Unabhängigkeit, die durch Verständnis erwogen wird, ist für diesen Menschen der Schlüssel zur Freude. Großes Glück wird ihm durch das Gefühl der Verbundenheit mit dem Universum zuteil.

Diese Glückspunktstellung beinhaltet viel natürliches Glück und das meiste davon wird aus Quellen kommen, die der Mensch in sich selbst entdeckt. Obwohl er schwer verstehen kann, warum sich die Menschen im Leben so plagen, muß er sie doch gewähren lassen. Denn wenn er sich damit aufhält, die Ideen und Einstellungen der anderen zu korrigieren, kann er leicht steckenbleiben und sich selbst der Freude berauben, die ihn auf seinem einzigartigen Weg erwartet.

Aber zweifellos kann er anderen viel beibringen und er wird niemals aufhören zu lehren. Erst wenn es ihm gleichgültig ist, wie seine Lehren aufgenommen werden, kann er tatsächlich das Ausmaß seines Wissens begreifen, seine Funktion und den wahren Wert der Menschen. An diesem Punkt beginnt er, den Goldschatz am Ende seines Regenbogens zu erblicken.

Der Glückspunkt im 10. Haus

Ein Mensch mit dieser Glückspunktstellung wird sein größtes Glück durch das Erreichen seiner traditionellen Ziele erlangen, die er sich selbst ausgesucht und gesteckt hat. Er hat den Wunsch nach Anerkennung von der Gemeinschaft und von Autoritätspersonen.

Mit diesem Haus X – Glückspunkt gewinnt man nichts leicht sondern man muß sich alles durch fortwährende Bemühungen verdienen. Wenn der Mensch wirkliche Reife entwickelt und nicht nur an Jahren älter wird, sieht er die Welt ohne Illusionen und mit großem Verständnis. Dies resultiert aus dem Punkt des Unpersönlichen Bewußtseins im 4. Haus, der Mitleid mit den Gefühlen und Bedürfnissen der Menschheit hat und gleichzeitig die Gefahr beseitigt, sich mit ihnen zu identifizieren.

Der Punkt des Unpersönlichen Bewußtseins enthält hier einige negative Aspekte, die man erkennen und ändern muß: kindliche Emotionen, eingefleischte und sich wiederholende Verhaltensweisen und Überempfindlichkeit. Diese Aspekte haben aber auch ihre positive Kehrseite in einfacher, offener, freudiger Annahme, Zuverlässigkeit und der Fähigkeit, den jeweiligen Bedürfnissen anderer Menschen gerecht zu werden und ihre Gefühle zu verstehen. Mit die-

52

sem Wissen ist es möglich, im 10. Haus zu wirken und beispielsweise eingefahrene Reaktionsweisen auf scheinbar
ähnliche Situationen und Probleme zu vermeiden. Stattdessen wird man offen für intuitives Handeln, das auf Einsicht
und unpersönlichem Bewußtsein basiert. Die Gefühlsebene
wird zum Schlüssel für die materielle Welt. So kann man
Pläne und Ideen schmieden und durch das 10. Haus verwirklichen.

Die Stellung des Glückspunktes im 10. Haus kann Vertrau-
ens- und Autoritätspositionen herbeiführen. Es ist interessant, daß Verantwortung und Autorität die Fähigkeit reflektieren, sich um andere Menschen zu kümmern und sie zu
führen. Dies ist ein Vorteil des Punktes des Unpersönlichen
Bewußtseins im 4. Haus und ein Beispiel dafür, wie sehr unsere Ziele und Bedürfnisse in direkter Verbindung mit denen
unserer Mitmenschen stehen.

Der Glückspunkt an dieser Stelle kann viele Menschen ver-
anlassen, nach der Lösung des Problems von »richtig und
falsch« zu suchen. Gewöhnlich besteht ein starkes Moralge-
fühl, das sich entweder auf frühe Disziplin in der Kindheit
oder auf eine religiöse Erziehung zurückführen läßt. Dies
schafft die Tendenz, den individuellen Handlungsspielraum
erheblich einzuschränken. Im positiven Sinne jedoch entsteht daraus ein ausgesprochen korrekter Charakter, der die
Rechte der Menschen respektiert und persönliche Verpflichtung und Verantwortung übernimmt.

Wenn dieser Mensch versteht, daß richtig und falsch nicht
absolut sind sondern sich mit der Zeit, dem Ort und der Geschichte ändern, erhält sein Handlungsspielraum auf menta-
ler und physischer Ebene eine weitere Perspektive. Solange
er seine persönliche Integrität und seinen Sinn für wahre Gerechtigkeit nicht opfert, ist es nicht möglich, ihm ein Versagen anzulasten.

Schließlich muß man sich daran erinnern, daß immer die
Zielsetzung das »richtig und falsch« einer Situation bestimmt. Wie bereits gesagt, ist alles richtig, was den Menschen näher ans Ziel bringt. Bleibt nur noch zu berücksichti-

gen, daß das Ziel auch zur wahren Natur des einzelnen paßt. Das freudige Gefühl zu wissen, ein fähiger Mensch zu sein, verursacht eine große Kraft, die eine Aura des Vertrauens und der Selbstachtung schafft. Dieser Mensch wird zum Vorbild für alle, die noch suchen und sich entwickeln, ein Beispiel, das wert ist, ein Führer zu sein.

Der Glückspunkt im 11. Haus

Viele Astrologen bringen das 11. Haus in Zusammenhang mit Inspirationen, wahrscheinlich weil es von Uranus beherrscht wird, dem Planeten der plötzlichen, blitzartigen Eingebungen. Der dem Haus XI – Glückspunkt entsprechende Punkt des Unpersönlichen Bewußtseins liegt im 5. Haus, dessen Herrscher die Sonne ist. Die Sonne-Uranus-Achse ist in ihrer Wirkung und in ihrem Einfluß kreativ, erfinderisch und weiträumig. Darum ist der Haus XI – Glückspunkt mit Ahnungen von der Schönheit und Entwicklung der Menschheit und der Schöpfung eng verbunden. Diese Glückspunktstellung ist wirklich einzigartig, denn der Mensch ist sich der menschlichen Evolution bewußt und weiß »mit Gewißheit« um das Endziel. Auch ist er in höchstem Maße unabhängig, denn dieses Bewußtsein befreit ihn von den alltäglichen Problemen und Kämpfen der Menschheit und hebt ihn in die allgegenwärtige Zukunft. Das bedeutet, die Zukunft, die »gerade jetzt« vorhanden ist, wenn wir sie nur sehen könnten. *) Aber nicht viele Menschen akzeptieren oder verstehen diese Einstellung.
Der Punkt des Unpersönlichen Bewußtseins im 5. Haus bringt unbegrenzte Energie, die aber große Unruhe verursachen kann, wenn man sie nicht in eine Richtung lenkt. Man hat ständig das Gefühl, etwas tun oder schaffen zu müssen. Dies ist jedoch nicht mehr als eine intensivere Erfahrung der kreativen Kraft, die dem Menschen als Vertreter der Schöp-

---

*) siehe Karmische Astrologie IV: »Das Karma im Jetzt«.

fung gegeben ist. Wenn man sich nicht mit dieser Kraft als
»mein« Bedürfnis, etwas zu schaffen, identifiziert, dann
kann man fast in jeder Handlung, jedem Projekt und jeder
Beziehung ein Betätigungsfeld finden. Die Tendenz der Ent-
wurzelung entsteht hier nur aus der Vorstellung, daß es »unsere« Energie ist. Dabei ist es einfach Energie. Wenn sie in
unpersönliche Kanäle geleitet wird, ist sie für alle nützlich,
doch wenn man sie wie ein Geizhals hortet, wird sie nur auf
Hindernisse und Einschränkungen stoßen.

Der Punkt des Unpersönlichen Bewußtseins im 5. Haus
bringt den Willen und die Kraft, Menschen oder Ideen zu er-
mutigen und zu organisieren und das gemeinsame Ziel zum
Nutzen aller zu erkennen. Darum wird der Mensch mit dem
Glückspunkt im 11. Haus zum Kanal für Energien, die man
auf klare, unvoreingenommene Weise anwenden muß. So
können große und zentrale Projekte in einer Atmosphäre
gegenseitigen Vertrauens und gegenseitiger Hilfe durchge-
führt werden.

Das 11. Haus führt Menschen gleicher Gesinnung zusammen. Darum schafft diese Glückspunktstellung Beziehungen mit brillanten, intelligenten und für gesellschaftliche
Maßstäbe etwas ungewöhnlichen Menschen.

Dieser Mensch findet viel Glück durch Freunde, die Freude
in sein Leben bringen und seine Ansichten und seine Vor-
stellungskraft durch schöpferischen Optimismus und Ideen
inspirieren. Auch träumt er gerne von der Zukunft der
Menschheit und sieht sich selbst dabei sowohl als Katraly-
sator als auch als Produkt dieser Zukunft.

Die Welt braucht Träumer und Phantasten. Große Religio-
nen entstanden aus den erleuchteten Visionen einzelner
Menschen, ebenso wie bedeutende Erfindungen. Die ganze
Evolution der Menschheit fußt auf diesen Visionen und
Träumen. Das ist die Schönheit, die der Mensch mit dem
Glückspunkt im 11. Haus erfahren kann. Er fühlt sich von
den Einschränkungen der Gesellschaft nicht betroffen. Er
kann die von der Welt noch ungedachten Möglichkeiten erfassen, erforschen und ihren Einfluß auf die Gesellschaft

und die Entwicklung verstehen. Er besitzt die Freiheit, die Gesellschaftsstrukturen und Traditionen in Frage zu stellen, die von den Menschen blind übernommen worden sind, die mit ihrem Leben so beschäftigt waren, daß sie keine Zeit hatten, zu sehen und zu begreifen, was geschieht.

Starrsinnige Menschen bezeichnen diejenigen, die einen anderen Weg gefunden haben, als »exzentrisch«. Der Mensch mit dem Glückspunkt im 11. Haus wird als unkonventionell, radikal, exzentrisch und vielleicht ein wenig sonderbar angesehen.

Für diese Glückspunktstellung ist der Goldschatz ein Gefühl des Wunderbaren und der Schönheit und die daraus entspringende Freude. Das Wissen um den wahren Platz des Menschen ist eine Lebenswahrheit. Die Verantwortung daraus ist, dies auch zu offenbaren. Der Mensch mit dem Glückspunkt im 11. Haus wird für die ganze Menschheit und den Planeten, auf dem er lebt, bereitwillig und voller Freude zum Kanal für Wahrheit und Evolution.

Der Glückspunkt im 12. Haus

Der Glückspunkt im 12. Haus zeigt an, daß der Mensch seine größte Freude und sein größtes Glück dadurch erreicht, daß er mit seinem inneren Selbst übereinstimmt. So erfüllt sich der Wunsch, die unsichtbaren Kräfte zu verstehen, die das Universum in Bewegung halten. Unser inneres Selbst ist tatsächlich mit dem einen Selbst identisch, der All-Einheit der Schöpfung. Aus dieser einen Realität gehen alle individuellen Realitäten hervor. Der Haus XII – Glückspunkt gibt dem Menschen Gelegenheit, die Einheit dieser anscheinend getrennten Wirklichkeiten und die Wahrheit der Existenz dieser einen Realität zu entdecken.

Der Punkt des Unpersönlichen Bewußtseins gibt einem die Möglichkeit, in der Alltagswelt mit ihren scheinbar endlichen Grenzen zu wirken und gleichzeitig die allgegenwärtige Einheit von Umständen und Ereignissen durch den Haus

XII – Glückspunkt zu erkennen. Man hat das Bedürfnis, über diese sogenannten Grenzen zu blicken und zu vermeiden, sich mit Handlungen, Rollen, Ereignissen oder Situationen zu identifizieren. Dies sollte man auf der Ebene des Unpersönlichen Selbst als ebenso notwendig erachten.

Der Punkt des Unpersönlichen Bewußtseins im 6. Haus versetzt den Menschen in die Lage, die Einzelheiten einer Situation zu erkennen und wie sie zusammenhängen und was sie bewirken, wenn sie als Ganzes zum Ausdruck kommen. Der Haus XII – Glückspunkt ermöglicht, alles von einer kosmischen oder universalen Ebene her zu betrachten. Das heißt, daß man erkennt, wie scheinbar unzusammenhängende Teilaspekte von Umständen und Ereignissen miteinander verbunden sind.

Darum kann man die negative Einstellung von Mitarbeitern beispielsweise dadurch überwinden, daß man versteht, daß negative Bedingungen nur dann aufkommen, wenn man eigennützig nur positive Bedingungen erfahren will. Insoweit alle Situationen und Erfahrungen neutral und unpersönlich sind, gibt es weder negativ noch positiv, es sei denn, man bewertet es so. Dieses Verständnis ist der richtige Umgang mit der Haus VI – Haus XII – Achse. Hier verbinden sich die merkurischen Kräfte der Wahrnehmung mit den neptunischen Kräften der mitfühlenden Liebe und Einsicht, um die gewöhnlichen Lebenserfahrungen zu transzendieren. So werden momentane Ereignisse und Gefühle so gesehen, wie sie sind – vorübergehend und vergänglich – und die eigene Lebenserfahrung wird dadurch tief, umfassend und frei von den scheinbaren Wirkungen äußerer Einflüsse.

Die Vorteile des Glückspunktes im 12. Haus sind jedoch nicht immer offensichtlich. Wenn der Mensch sich nicht mit den Energien und Gefühlen fließen läßt und sie, ohne sich damit zu identifizieren, vorübergehen läßt, dann wird das subtile Verständnis des Lebens und der Wahrheit völlig mißlingen. Die Idee des Dienens und des Mitfühlens, wie sie durch das 6. Haus und das 12. Haus reflektiert wird, wird von den meisten Menschen falsch verstanden. Im allgemeinen sehen wir diese Idee nur innerhalb der begrenzten Erfahrung von »mein Dienst« und »mein Mitgefühl«. Es gibt jedoch einen unpersönlichen Aspekt dieser beiden bedeutenden Prinzipien, die der gesamten Schöpfung zu Grunde liegen. In der Tat dient uns der Schöpfer zu jeder Zeit und liebt uns alle unbegrenzt und mitfühlend. Wenige erfahren dies jemals und noch wenigere glauben daran.

Durch den Haus XII − Glückspunkt und den Punkt des Unpersönlichen Bewußtseins im 6. Haus werden der Wille und die Vision des Haus XI − Glückspunktes und des Punktes des Unpersönlichen Bewußtseins im 5. Haus in der Welt zur Wirkung gebracht und zwar mit großer unpersönlicher Liebe. Hier sehen wir den Höhepunkt aller vorangegangenen Häuserstellungen des Glückspunktes und des Punktes des Unpersönlichen Bewußtseins. Kreislauf und Ziel werden offensichtlich und kommen zur Vollendung. Die Bühne ist aufgebaut für den nächsten Umlauf und ein höheres Ziel.

Der Mensch hat das große Glück, die »Schlüssel zum Himmelreich« zu besitzen, wenn er bereit ist, sie auch zu benutzen. Stille Phasen der Meditation und Zurückgezogenheit helfen dem Menschen, neue Kräfte zu sammeln und sich an die großen Wahrheiten des Lebens und der Natur zu erinnern. Es wäre von großem Nutzen, dies zu einem regelmäßigen Bestandteil seines Tagesablaufs zu machen.

Dies ist ein ganz besonderer Platz für den Glückspunkt, denn er verheißt, den Mensch Gott näher zu bringen. Die Lebenserfahrungen in der Außenwelt zu verstehen, führt schließlich zur Erkenntnis der inneren göttlichen Schönheit allen Lebens. Sobald man beginnt, den Kern aller Dinge zu begreifen, wird man eins mit der Quelle innerer Kraft. Dann fließt man im Strom der Erleuchtung und taucht ein in das innere Licht, das allen Menschen verfügbar ist.

Damit der Glückspunkt ungehindert wirken kann, darf der Mensch sein unendliches Wesen nicht dadurch blockieren, daß er sich oder sein Leben für begrenzt hält. Das 12. Haus wurde das Haus der Realitätsflucht genannt, doch das ist es nicht unbedingt. Es ist eher eine Flucht aus dem inneren Gefängnis, in dem der Mensch lebt, wenn er eine begrenzte Realität erfährt, die nicht über das hinausreicht, was er sieht, fühlt oder berührt. Das Gefängnis wird noch schlimmer, wenn man die begrenzten Sinne mit Menschen, Umständen und Situationen füllt, die einen wieder an andere Menschen und Umstände binden, bis das Leben eine scheinbar endlose Kette von Verpflichtungen ist. Das 12. Haus überschreitet dies alles, indem es dem Menschen die Möglichkeit der Erkenntnis gibt, daß er in seiner Seele frei ist, daß in Wirklichkeit alles eins ist und daß es für uns eine höhere Wahrheit zu erfahren gibt. Welch größere Freude kann es geben, als ein solches Bewußtsein zu erlangen? Welch größere Erfüllung kann der Mensch erfahren, als zu wissen, daß für all seine wahren Bedürfnisse für immer gesorgt ist, weil er eins ist mit dem großen Schöpfer!

KAPITEL IV

DER GLÜCKSPUNKT IN DEN ZEICHEN

Der Unterschied zwischen Zeichen und Häusern im Horoskop ist so subtil, daß es für den Anfänger schwierig ist, sie auseinanderzuhalten. Um ganz ehrlich zu sein, bringen auch viele Astrologen Zeichen und Häuser durcheinander, wenn sie in Eile ein Geburtshoroskop deuten wollen und dabei so sehr in Verlegenheit geraten, als hätten sie ihre Sache niemals gelernt.

Die Häuser stellen die verschiedenen Lebenserfahrungen dar, mit denen wir uns alle auseinandersetzen müssen: persönliche Identitätsentwicklung, Aufbau von Werten, familiäre Bindungen, Ehe, Sexualität, Moralvorstellungen, religiöse Philosophien und Prinzipien etc. Jedes Lebensgebiet spricht eine bestimmte Thematik an und jeder erlebt diese auf einzigartige Weise. Hier können wir zwischen Häusern und Zeichen unterscheiden. Die Zeichen lassen die Eigenschaft der Energie erkennen, die ausgedrückt wird, genauer gesagt, sie repräsentieren potentielle Energie.

Um den Unterschied zwischen Zeichen und Häusern noch besser zu verstehen, können wir uns jedes Zeichen als Kraftfahrzeug vorstellen. Es besitzt die Kraft und die Fähigkeit, jemanden an jeden gewünschten Ort zu bringen. Andererseits können wir das Haus als Landkarte ansehen, die die Reiseroute bezeichnet. Somit symbolisiert das Zeichen das Handlungspotential, während das Haus zeigt, was mit diesem Potential geschieht.

Um die Zeichen richtig zu verstehen, sollten sie in ihrer Reinform betrachtet werden, nämlich als Energie. Obwohl man einiges, was ein Mensch mit seiner Energie anfangen wird, voraussagen kann, bedeutet das in Wirklichkeit, die Freiheit, die man innerhalb des Horoskops besitzt, einzuschränken. Daher wirken gleiche Zeichen in verschiedenen Horoskopen ganz unterschiedlich. Es ist also die Aufgabe jedes einzelnen, seine Anlage zu entdecken und zu verwirklichen. Als Astrologen können wir niemals mit Sicherheit sagen, wie sich der einzelne entwickeln wird.

Der Glückspunkt in den einzelnen Zeichen zeigt, wie jeder Mensch Glück und Erfüllung erreicht, indem er seinen Anlagen zu einem reinen Ausdruck verhilft. Viel zu oft werden diese Kräfte unterdrückt, wodurch der natürliche freie Energiefluß blockiert wird. Dadurch hat man für jede Lebenserfahrung weniger Energie zur Verfügung, um mit dieser Situation fertig werden zu können. Das große Potential wird hierbei weder sinnvoll noch gezielt genutzt. Es ist so, als besäße man ein Auto mit einem starken Motor, das aber nur in der Garage steht. Wenn ein Mensch bereit ist, die Energien seines Horoskops auszudrücken ohne Angst, andere zu verletzen oder denen zu mißfallen, von denen er sich abhängig glaubt, oder ohne das Gefühl, andersartig zu erscheinen, dann erlebt er den Reichtum vollständiger Erfüllung in allen Situationen, mit denen er konfrontiert wird.

Die Stellung des Glückspunktes zeigt das Lebengebiet an, wo der Mensch den besten Energiefluß erlebt. Wenn er lernt, mit dieser Energie umzugehen und sie zu verstehen, erfüllt er seine Bedürfnisse und Wünsche. Das geschieht nicht unbedingt durch eigene Anstrengungen sondern vielmehr durch die Fähigkeit, mit der jeweiligen Energie zu fließen, die sich als die beste herausstellt.

Der Punkt des Unpersönlichen Bewußtseins symbolisiert eine Energie, die dem besten Energiefluß des Menschen scheinbar entgegenwirkt. Wie bereits gesagt, ist dies jedoch nicht der Fall. Tatsächlich wird diese Energie eine Hilfe und Unterstützung für den Glückspunkt sein, wenn sie unpersönlich ausgedrückt wird. Universale Kräfte, wie sie der Punkt des Unpersönlichen Bewußtseins ausdrückt, können für das »Gute« in allem wirken. Das jeweils persönliche »Gute«, das der Glückspunkt symbolisiert, ist ein Aspekt des universalen Guten. Damit wird klar, daß das größere Gute das kleinere enthält und ihm dient.

Bei dieser Glückspunktstellung hat der Mensch das Bedürfnis und die Energie zu handeln. Wenn er mit dieser Energie fließt, wird er feststellen, daß es auf seinem Weg nur sehr wenige Hindernisse gibt, die er nicht überwinden kann. Seine angeborene Tapferkeit treibt ihn an, so daß er jeden Zweifel über sich selbst verliert. Aus der Erkenntnis, daß diese Energie so stark ist, daß sie ihm Unabhängigkeit garantiert, kommt er zu großen Erfolgen. Er braucht sich nicht ängstlich nach anderen zu richten, weil er sie vielleicht in Zukunft einmal brauchen könnte. Die Tatsache, daß viele Menschen die Widder-Energie falsch verstehen, führt dazu, daß sich der Mensch, der unter dem mächtigen Einfluß dieser Energie steht, anderen widersetzen und seinen eigenen Weg beharrlich verfolgen muß.

Durch den Punkt des Unpersönlichen Bewußseins in der Waage kann dieser Mensch jedoch das aufnehmende, passive Wesen der Menschen verstehen und kann sich in diejenigen einfühlen, die nicht handeln und keine Entscheidungen treffen können. Er erkennt, daß Takt manchmal eine Form der Unaufrichtigkeit ist, die auf der Angst basiert, seine eigenen Grenzen zu überschreiten. Der stärkste und nützlichste Aspekt des Punktes des Unpersönlichen Bewußtseins in der Waage ist das Gefühl der Harmonie und der geistigen Ordnung, was dem Widder-Glückspunkt ermöglicht, die Richtung sehr klar zu erkennen. Diese Eigenschaften sind ein Beispiel für die Venus (Waage), die als Kanal des Mars (Widder) dient. Mit dieser Ordnung hat der Widder-Mensch mit seinem Lebenshunger oft große Schwierigkeiten. Aber um Bilanz ziehen zu können, muß man seine Fähigkeiten erkennen und sie wirkungsvoll einsetzen. Der Punkt des Unpersönlichen Bewußtseins in der Waage kann den Weg dorthin weisen.

Der Goldschatz am Ende des Regenbogens wird entweder in Form von Ideen oder materiellen Gütern durch eigene Anstrengung erreicht. Viele spirituelle Bücher und Lehren sind gegen das Wünschen. Aber deswegen braucht man keine Angst zu haben, denn diese Lehren meinen damit die Abhängigkeit vom Wunsch und die übermäßige Sinnesbefriedigung. Dieser Mensch besitzt eine Wunschnatur, sogar mit dem Wunsch nach Wahrheit und ohne diesen könnte er sich keine Ziele setzen. Ein Mensch ohne Ziele verliert leicht die Lebensorientierung und neigt dazu, sich treiben zu lassen und unter den Einfluß der Menschen in seinem privaten Umfeld zu geraten. Wenn der Mensch seine starke Widder-Energie zurückhält, kann dies die negative Wirkung des Punktes des Unpersönlichen Bewußtseins in der Waage sein.

Dieser Mensch sucht die Einheit von Geist und Willen, die auf ein einziges Ziel gerichtet werden kann. Je mehr man auf dieses Ziel hinsteuert, um so leichter wird das Leben. Dieser Mensch darf niemals daran zweifeln, daß die Energie, die ihn führt, ihn mit der einen motivierenden Kraft in Brührung bringen wird. Das ist das Endziel, und es zu finden, bringt die größte Freude.

Der Glückspunkt im Stier

Der Mensch mit dieser Glückspunktstellung strebt nach allem, was solide und dauerhaft ist und macht sich nichts aus vergänglichen und oberflächlichen Vergnügungen. Er will den Sinn und Nutzen aller Dinge erkennen, damit er eine sichere Zukunft aufbauen kann. Seine Freude basiert auf der Fähigkeit, die Substanz des Lebens zu erhalten und zu entwickeln. Dies ist ein Beispiel für die positiven Energien des Punktes des Unpersönlichen Bewußtseins im Skorpion, die durch Materie kanalisiert und durch den Glückspunkt ausgedrückt werden. Wenn man diese Skorpion-Kräfte von der negativen Seite betrachtet, sieht man nur die Zerstörung, die Unordnung und den Verfall der Welt.

Der Mensch mit dem Glückspunkt im Stier erkennt, wie sich die Menschen durch Mangel an Geduld zu Grunde richten können, denn er weiß, daß sich nichts sofort verwirklichen läßt. Er beobachtet unsichere und nicht vorhersagbare Situationen, mit denen man im Leben konfrontiert wird. Sich mit solchen Situationen zu identifizieren hieße, sein eigenes Stabilitätsgefühl zu verlieren. Die Stier-Energie bedeutet Bindung und Erhaltung, während der negative Ausdruck des Skorpion statt Umwandlung einen Zusammenbruch bedeuten kann.

Dieser Mensch sollte verstehen, daß es notwendig ist, so manche Dinge zu überwinden, und daß Zerstörung und Tod ein großer Teil des schöpferischen Prozesses sind. Wenn er glücklich sein will, ist es hierbei seine Aufgabe, weiterhin mächtige und bedeutsame Grundlagen aufzubauen. Zerstörung sollte er als Transformation betrachten.

Obwohl sich dieser Mensch gerne entspannt, ist er nicht glücklich dabei. Er arbeitet lieber für den Fortschritt, ganz gleich wie langsam und zumindest so lange, bis alles so stabil ist, daß der Tag abzusehen ist, wo er sich in der aufgebauten Sicherheit entspannen kann. Hier sind Entspannung und bedächtiger, langsamer Fortschritt Beispiele für den Punkt des Unpersönlichen Bewußtseins im Skorpion – Regeneration und Wachstum.

Eine der größten Freuden des Stier-Glückspunktes ist die persönliche Liebe und ihr Ausdruck auf der physischen Ebene. Doch zwischen der Sexualität des Zeichens Skorpion und der des Zeichens Stier besteht ein großer Unterschied. Mit dem Glückspunkt im Stier hat man das Bedürfnis, Liebe und Sexualität nicht zu trennen. Die künstliche Trennung der beiden hat die Erfahrung der niedrigeren Skorpion-Ebenen zur Folge, die dem wahren Ziel des Stier abträglich sind. Die Sexualität im Stier hat immer zum Ziel, eine sinnvolle Vereinigung zu schaffen, die sich auf Wärme, Aufrichtigkeit und gegenseitige Verpflichtung gründet. Durch den Punkt des Unpersönlichen Bewußtseins im Skorpion wird der Mensch zum Beobachter, der den Mißbrauch der Sexualität erkennt. Der Skorpion will Beziehungen und Liebe zur Quelle machen, aus der seine Gefühle entspringen, um das

Innenleben des Menschen zu füllen und zu beruhigen, was ihm die Transformation ermöglicht. Das ist eine der Wirkungen von Mars und Pluto, die über ein Wasserzeichen herrschen.

Der Mensch mit dem Glückspunkt im Stier ist glücklich, wenn er weiß, wohin er geht. Alle äußeren Bedingungen und Menschen, die ihn behindern könnten, müssen unpersönlich gesehen werden. Einer seiner wunden Punkte ist sein Gefühl, eine Zielscheibe zu sein, worauf er dann negativ reagiert. Wenn er dieses Gefühl klar betrachtet und die Macht der Einsicht in Emotionen zu Hilfe nimmt, die ihm durch den Punkt des Unpersönlichen Bewußtseins im Skorpion gegeben ist, wird er erkennen, daß er gar keine Zielscheibe ist. Wenn, dann war es nur Zufall, weiter nichts. Obwohl die Fähigkeit, an Dingen festzuhalten, eine seiner größten Stärken ist, kann die negative Identifikation mit dem Punkt des Unpersönlichen Bewußtseins im Skorpion seine Energie dadurch verschwenden, daß er einen Groll über längst Vergangenes beibehält.

Damit die Stier-Energie am besten wirken kann, muß der Mensch lernen, die Skorpion-Energien nicht zu blockieren, die die Tendenz zur Zerstörung und Transformation haben. Er muß lernen zu bewahren und darf das, was er aufbauen möchte, nicht aus den Augen verlieren. Dieser Mensch ist außergewöhnlich langsam, was eine Veränderung seiner Lebensstruktur betrifft. Dennoch wird ihm seine Fähigkeit, Dauerhaftes und Sinnvolles aufzubauen und zu erhalten, die größte Freude bringen. Es freut ihn zu wissen, daß er sich eine Zuverlässigkeit aneignet, auf die er selbst und auch die anderen bauen können.

Die Stier-Energie bedeutet ein friedliches Dasein in Einklang mit den Naturkräften. Dies ist eines der wenigen Zeichen im Tierkreis, durch das man Zufriedenheit erleben kann. Stier ist ein ausgesprochen »gebendes« Zeichen. Je mehr man versucht, den unzufriedenen Mitmenschen gerecht zu werden und sie zu besänftigen, desto mehr zerstört man seinen eigenen Frieden, wenn man sich negativ mit dem

Punkt des Unpersönlichen Bewußtseins im Skorpion identifiziert. Man kann am besten mit der Stier-Energie zusammenarbeiten, wenn man lernt, zu leben und leben zu lassen und die ganze Fülle des Lebens zu würdigen. Die Intensität des Skorpion muß sich nicht unbedingt negativ äußern, wenn sie einen fest begrenzten Platz im Leben einnimmt. Man findet einen sinnvollen Ausdruck dieser Intensität, wenn man sich daran erinnert, daß diese Urkraft sehr nützlich ist, wenn sie sich auf folgende Gebiete richtet: Bildung, Forschung, die spirituelle Suche und die Entwicklung durch Zeugung und Wiedergeburt.

Der Goldschatz am Ende des Regenbogens kann mit dem Einzug ins Gelobte Land verglichen werden. Nach vielen Erfahrungen lernt man, das negative Kämpfen aufzugeben und das wunderbare, friedliche und liebende Dasein zu akzeptieren, nach dem man sich schon immer gesehnt hat. Hier gewinnt man mehr durch Hingabe als durch Widerstand.

Der Glückspunkt in den Zwillingen

Die Stellung des Glückspunktes in den Zwillingen schenkt einem große Freude durch Kommunikation und Lernen in der Beziehung zu den Menschen. Dieser Mensch sucht bei jedem, den er trifft, neue Einsichten und sammelt sie. Die Ideen, die ihm die Menschen im Leben vermitteln, sind ihm wichtiger als sie selbst. Auch hier versucht er, sich auf einer einfachen, eher oberflächlichen Ebene zu bewegen, ohne sich auf Gefühle einzulassen. In seinem Leben kommen und gehen viele Menschen und von allen erhält er Anregungen und Informationen. So wird er zu einer wandelnden Enzyklopädie von Daten und Wissen, das er aus den Erfahrungen anderer angehäuft hat. Je mehr Wissen er ansammelt, desto mehr erkennt er die vielen verschiedenen Aspekte des Lebens, die oft widersprüchlich sind.

Dieser Mensch versucht, unverbindlich zu bleiben, nicht aus Angst vor Verpflichtung, sondern weil er lieber nicht darüber urteilen will, welche Idee oder welcher Gedanke nun besser oder richtiger ist. Daher neigt er dazu, es mit beiden Parteien zu halten und möchte am liebsten auf zwei Hochzeiten gleichzeitig tanzen. Er möchte das Wohlwollen beider Parteien haben, ohne wirklich ein Büdnis mit einer von beiden einzugehen. Manchmal gelingt ihm das, was ihm Bewegungsfreiheit schafft, seinen Horizont erweitert und sein Leben farbig macht. Auf jede Veränderung in seinem Leben kann er geschickt reagieren. Er erfährt große Freude und echtes Vergnügen, wenn er in der Vielfalt von Ideen, Theorien und unpersönlichen Beobachtungen schwelgen kann. Dies wird durch den Punkt des Unpersönlichen Bewußtseins im Schützen noch gesteigert, der nach dem roten Faden oder dem Grundprinzip sucht, die allem gemeinsam sind.

Durch den Punkt des Unpersönlichen Bewußtseins im Schützen sieht er die Wahrheit in ihrer reinsten Form. Durch diese Wahrheit kann er allen Menschen und Situationen mit der Freude und dem Vergnügen des von Jupiter beherrschten Punktes des Unpersönlichen Bewußtseins begegnen.

Die einem Chamäleon vergleichbare Merkur-Energie ermöglicht ihm, sich von einem Moment zum anderen zu verändern, je nachdem, wie es die Situation gerade erfordert. Er weiß, daß er das Bedürfnis nach Bewußtseinserweiterung hat, aber wenn er dies zu sehr übertreibt, wird er den engen Kontakt mit dem Leben und den Menschen verlieren, die er braucht. Am glücklichsten ist er, wenn er direkt an allem beteiligt ist, was um ihn herum passiert, ohne jedoch die Dualität der Situationen persönlich zu bewerten.

Der negative Ausdruck des Punktes des Unpersönlichen Bewußtseins im Schützen kann verursachen, daß der Mensch sich zum Richter aufspielt. Man muß lernen, sich nicht mit dem autoritären Verhalten, das dazu verleitet, zu identifizieren. Je mehr man über andere urteilt, desto schneller wird man die Kameradschaft verlieren, die man doch so sehr gesucht hat. Die Merkur-Jupiter-Achse bezieht sich auf die Fähigkeit der Beobachtung und auf die Weisheit. Ein positiver Ausdruck des Punktes des Unpersönlichen Bewußtseins wird den Menschen daran erinnern, daß das Menschsein gewissen vorübergehenden Einschränkungen unterliegt. Man muß weitblickend genug sein, um sich auf geistiger Ebene die größte Expansion zu ermöglichen und andererseits Verständnis für die gegenwärtigen menschlichen Verhältnisse zu haben.

Die größte Freude im Zwillinge-Glückspunkt liegt in der Fähigkeit, mit der unmittelbaren Realität umzugehen. Wenn sich der Mensch vom fernen Ruf des Punktes des Unpersönlichen Bewußtseins im Schützen beeinflussen läßt, besteht die Gefahr, daß er seine Fähigkeit verliert, im Hier und Jetzt zu wirken. Die sehr klare Wahrnehmung der Gegenwart und die Vorstellung des Gegenwärtigen, die der Zwillinge-Glückspunkt beinhaltet, sind für diesen Menschen die erfüllendste Quelle der Freude. Der ihm eigene Goldschatz entsteht aus dem Wissen, wie man mit dem Vergänglichen lebt. *)

Der Glückspunkt im Krebs

Bei dieser Glückspunktstellung wird dem Menschen die größte Freude zuteil, wenn er die Energie des Umsorgens frei fließen läßt. Der Mensch möchte sich selbst und andere mit allem versorgen, was für zukünftiges Wachstum notwendig ist. Hier erfährt man die Liebe der Göttlichen Mutter, die alle Menschen selbstlos umsorgt.

Dieser Mensch erlebt große Freude, wenn er den tief innerlichen Drang zur Hingabe verwirklicht. Er sucht nach Menschen und Umständen, durch die er Wärme und Nähe erleben kann. Dies ist eine Gefühlsenergie. Viel Glück erwächst ihm aus der Naturverbundenheit, denn durch die Natur

---

*) Mehr darüber in Karmische Astrologie IV: »Das Karma im Jetzt«.

kann man den wahren Kern der Einheit und des Zusammenspiels mit dem Universum empfinden.

Allen Handlungen liegt der Wunsch nach kindlicher Unkompliziertheit zugrunde. Obwohl man die Energien kennt, mit deren Hilfe man durch den Punkt des Unpersönlichen Bewußtseins im Steinbock die Dinge zur Reife bringt, bleibt man aber doch besser im Einklang mit der zarten und sanften Krebs-Energie, die mit dem Anfang aller Dinge am besten harmoniert. Den Steinbock-Einfluß verwirklicht man am vorteilhaftesten dadurch, daß man durch ihn den richtigen und nützlichsten Kanal für diese Energie finden kann.

Große Freude wird aus der Erfahrung der Geburt kommen. Sei es die Geburt eines Kindes, einer Idee oder von etwas, das es noch nicht gab, ehe man eine persönliche Rolle in Bezug auf seine Entstehung übernahm, immer wird die innige Verbindung mit den Anfängen das größte Glücksgefühl und die Erfüllung bringen.

Durch den Punkt des Unpersönlichen Bewußtseins im Steinbock erkennt und versteht man die Energie des Ehrgeizes. Man begreift auch den Versuch des Menschen, Halbfertiges zu vollenden. Die Steinbock-Energie ist fest und konzentriert, die Krebs-Energie hingegen weich und nachgiebig. In beiden Zeichen findet sich eine starke Energie in Bezug auf Aktivität. Die Steinbock-Energie wird durch das Verlangen nach einem Ergebnis motiviert, wodurch der Zweck, symbolisiert durch den Punkt des Unpersönlichen Bewußtseins, die Mittel zu rechtfertigen scheint. Auf der anderen Seite basiert die Krebs-Energie darauf, zu handeln um des Handels willen. Sie ist eher eine Energie der Mittel als eine des Zwecks. Während der Steinbock etwas vollenden möchte, was den Menschen überlebt, will der Krebs etwas schaffen, das ihm das Gefühl gibt, selbst an der Schöpfung beteiligt zu sein.

Die Jugendlichkeit und Vitalität des Krebs wird durch das Streben des Steinbock nach Weisheit und Reife ausgeglichen. Darum darf sich der Mensch nicht so sehr in den Punkt des Unpersönlichen Bewußtseins vertiefen, wenn er die volle Freude dessen ernten will, was er durch seinen Krebs-Glückspunkt sät. Er muß dem Punkt des Unpersönlichen Bewußtseins ermöglichen, seiner Energie Struktur und Richtung zu geben, aber dabei das junge und unkomplizierte Wesen eines Kindes behalten.

Der Goldschatz am Ende des Regenbogens ist die Freude, die daraus entsteht, ein privilegierter Beteiligter am Geburtsvorgang zu sein, der überall im Geist und in der Natur stattfindet. Die Freude resultiert auch daraus, all das zu umsorgen, was behutsamer Pflege bedarf, um sich entwickeln und erblühen zu können. Wenn man die Entwicklung dessen betrachtet, was dem Innern entspringt, erlebt man durch das Wissen, ein wirklicher Teil der Grundlagen des Lebens zu sein, eine tiefe Erfüllung.

Der Glückspunkt im Löwen

Hier besteht ein großes Verlangen danach, Mittelpunkt zu sein und die Führung zu haben. Durch Selbstbeherrschung möchte der Mensch anderen eine Quelle der Inspiration und ein Führer sein. Ein Führer muß führen und darf sich nicht vor Problemen und Verantwortung drücken, die zu lösen und zu übernehmen nur er den Willen und die Kraft hat. Viel Freude entsteht aus der Vollbringung großer Taten, die auf irgendeine Weise ein leuchtendes Beispiel und ein Symbol dessen sind, wessen der Mensch fähig ist, wenn er sein Anlagepotential nutzt. Dieser Mensch sucht nicht nur die eigene Verbesserung sondern auch die Besserung der Gesellschaft als ganzes.

Durch den Punkt des Unpersönlichen Bewußtseins im Wassermann lernt man, andere nicht zu zwingen, mit den eigenen Methoden übereinzustimmen. Stattdessen sollte man versuchen zu verstehen, daß jeder Mensch seinen eigenen Weg findet. Wenn man seine Energie nicht auf viele Gebiete verteilt, kann man die schöpferische Kraft bewahren und lenken, was einem schließlich Glück und Erfüllung schenken wird. Weil alle Erfolge auf persönlichem Einsatz beruhen, wird man die Freude erfahren, der unbestrittene Herr auf seinem Schloß zu sein. Das Königreich wird ein ehrlich verdientes sein, denn was auf unaufrichtige Weise erworben wird, hat für den Menschen mit dem Glückspunkt im Löwen wenig Bedeutung.

Der Rat, den dieser Mensch anderen mit seinem Punkt des Unpersönlichen Bewußtseins gibt, sollte eher als ein Geschenk als ein Befehl gegeben werden. Seine Schaffenskraft wird wahrhaft groß, wenn er lernt, die Welt seinen Rat annehmen oder ablehnen zu lassen und mit der Tatsache zufrieden zu sein, daß er die Möglichkeit zu helfen hatte.

Die Energien von Löwe und Wassermann sind Energien des Gebens. Die Wassermann-Energie ist unpersönliches Geben an die Menschheit im ganzen, ohne eine Gegenleistung zu erwarten, ausgenommen die menschliche Evolution. Die Großzügigkeit des Löwen auf der anderen Seite richtet sich zielbewußt auf die Menschen in seinem unmittelbaren Umkreis. Darum dreht sich der Glückspunkt im Löwen um den Begriff der persönlichen Liebe. Dieser Mensch braucht ein gewisses Maß an Feedback, um das Gefühl zu haben, daß seine Großzügigkeit, sein Ehrgeiz und seine Ziele auf dem richtigen Weg sind.

Obwohl die Löwe-Energie sehr stark ist, tendiert sie zu Härte und Strenge. Der Mensch folgt bestimmten Traditionen und Richtlinien und bemüht sich, sein Leben innerhalb eines Rahmens zu führen, der ihm Ehre, Prestige, Würde und Achtung gewährleistet. Er muß die zeitweiligen Ablenkungen, die durch die Wassermann-Energien entstehen können, vermeiden, wenn er seinen Zweck erfüllen will. Und er muß unbedingt etwas erfüllen, denn er stellt große Anforderungen an sich selbst. Nur wenn er diesen Forderungen seiner hohen Maßstäbe gemäß gerecht wird, ist er zufrieden. Zielbewußter Energieeinsatz bringt große Erfolge. Die Bewunderung, die er schließlich dafür ernten wird, ist sein Goldschatz am Ende des Regenbogens.

Hier erreicht der Mensch dadurch großes Glück, daß er in seiner Umgebung einen Sinn für »organisierte Reinheit« herstellt. Er möchte Sauberkeit nicht nur in persönlicher Hygiene, sondern auch im Lebens- und Arbeitsbereich. Auch in der Art, wie er Gedanken ordnet, erfährt er eine gewisse Sauberkeit. Er ist ausgesprochen empfänglich für die Umwelt und ist sich sehr bewußt darüber, wie sehr er von persönlichen Reaktionen auf scheinbar negative Gefühle beeinflußt wird.

Durch den Punkt des Unpersönlichen Bewußtseins in den Fischen versteht er das Wesen des Mitgefühls voll und ganz, aber wenn der Glückspunkt günstig wirken soll, muß er eine Identifikation mit den Kräften vermeiden, die man nicht begreifen kann. Obwohl er sich der unsichtbaren, unbewußten und unendlichen Kräfte außerhalb der persönlichen Kontrolle bewußt ist, muß er trotzdem sein Leben auf eine äußerst bewußte Existenz im Hier und Jetzt lenken.

Dieser Mensch bemüht sich, ständig und ganz bewußt fleißig zu sein und es bleibt nur wenig Raum für die negativen Gefühle der anderen, um in sein Bewußtsein zu dringen. Was wie ein Vertieftsein in irdische Realitäten aussieht, bringt dem Menschen in Wirklichkeit ein tiefes Freudegefühl durch eine geordnete Wahrnehmung des Lebens.

Die Reinheit von Geist und Körper ist wichtig, denn sie ermöglicht die Erfahrung einer klaren Einfachheit der Gedanken, die nicht durch unnötige äußere Faktoren gestört werden kann. Diser Mensch lernt, sich selbst zu disziplinieren und kann sich schließlich durch positiven Einsatz des Punktes des Unpersönlichen Bewußtseins in den Fischen über negative Gefühle hinwegsetzen, wodurch er zu innerem Frieden gelangt. Sein Hauptziel ist, gut und vollkommen zu »funktionieren«. Ungeachtet dessen, wie er für andere empfindet, weiß er, daß Gefühle vorübergehend sind und sich immer in einem Zustand der Veränderung befinden. Er ist sich einer sehr persönlichen Aufgabe bewußt, sich in Richtung vollkommener Entfaltung weiterzuentwikkeln.

Negative Fische-Energie hat die Tendenz, in der Vergangenheit zu verweilen. Die Jungfrau-Energie dreht sich um eine intensive Beschäftigung mit den Einzelheiten der Gegenwart. Das Glück, das der Jungfrau-Glückspunkt verspricht, entsteht aus dem Umgang mit der Gegenwart, der so rationell ist, daß sich die Details nie zu einer Last anhäufen und aus der Vergangenheit mit in die Zukunft geschleppt werden. So kanalisiert sich die Energie des Punktes des Unpersönlichen Bewußtseins in den Fischen durch Einsicht in das Ganze und seine Bedeutung und Wirkung in der Gegenwart. Viel Freude hat dieser Mensch am Ausdruck einfacher Logik, die Benjamin Franklin, ein Steinbock, »uncommon sense«, soviel wie »ungewöhnlicher Menschenverstand«, nannte. Der Jungfrau-Einfluß ermöglicht, die Einzelheiten des Lebens so zusammenzufügen, daß sie eine Ereignisfolge bilden, die zu einem ganz logischen Ziel führt. Dies ist wieder ein Beispiel für den Punkt des Unpersönlichen Bewußtseins in den Fischen, der einen vollständigen Überblick über die Gegenwart und die Richtung des Energieflusses schafft. Der Mensch kann tatsächlich so rationell werden, daß er sich fast wie ein Roboter vorkommt. Daraus resultiert, daß er logischerweise Gefühle zu verstehen sucht, wenn er noch fähig ist zu fühlen. Hierfür begibt er sich in das gegenüberliegende Zeichen und beginnt, den Punkt des Unpersönlichen Bewußtseins in den Fischen zu verwirklichen. Er muß sich aber davor hüten, sich jemals mit dem negativen Aspekt dieser Seite seines Wesens zu identifizieren. Hier könnte man die Tatsachen aus den Augen verlieren in einem Meer von Illusionen, fadenscheinigen Tagträumen und endlosen Phantasien. Dies hat zur Folge, daß man die bewußte Wahrnehmung der Realität verliert, die einem doch die größte Freude bringt. Stattdessen muß der Mensch die Reinheit und Universalität des Punktes des Unpersönlichen Bewußtseins in den Fischen suchen, die seinem Leben Tiefe und das Erlebnis der Gegenwart geben.

Fische und Jungfrau repräsentieren Energien des Dienens: Fische den mitfühlenden Dienst am nächsten, Jungfrau den Dienst an sich selbst. Wenn dieser Mensch nach seinem besten Vermögen wirkt, werden andere seine Fähigkeiten dringend brauchen. Er wird ihnen helfen wollen, muß aber darauf achten, daß er nicht sein eigenes inneres Zentrum verläßt, denn wenn er sich negativ mit den Problemen eines anderen Menschen identifiziert, verliert er die Fähigkeit, wirken zu können. Gerade durch diese Fähigkeit zu wirken kann sich dieser Mensch über Umstände erheben, die andere Menschen sehr leicht in einen Zustand emotionaler Depression versetzen würden.

Der Goldschatz bedeutet für diesen Menschen gerade das, was er in der Hand hält und womit er sich im Augenblick beschäftigt. Die Fische-Energie bezieht sich immer auf das Unendliche. Durch die höher entwickelten Sinne kann man eine Harmonie mit dem Universum wahrnehmen. Die Jungfrau-Energie richtet sich immer auf das Greifbare. Sie entfaltet sich in der stofflichen Welt. Durch angemessene Organisation, Sorgfalt und Reinheit der Dinge erhält der Jungfrau-Glückspunkt seine Bedeutung. Dies heißt für den unpersönlichen Ausdruck des Punktes des Unpersönlichen Bewußtseins in den Fischen: Liebe ins Leben einzubringen, das Erlebnis des zeitlosen Augenblicks.

Der Glückspunkt in der Waage

Hier erreicht der Mensch seine größte Freude, wenn er mit einer Energie zusammenwirkt, die man »Nicht-Behauptung des Selbst« nennen könnte. Am wohlsten fühlt er sich, wenn er sich nach anderen richtet, anstatt persönliche Wünsche zu äußern, die die Harmonie stören könnten, die er in der Gemeinschaft sucht. Er versucht, sich den Wünschen anderer anzupassen. Daraus resultiert, daß er ständig seinen Standpunkt wechselt, weil er Anerkennung gewinnen möchte. Dieser Mensch weiß, daß er durch die energische Durchsetzung seiner Wünsche Freundschaften und Beziehungen gefährdet. Statt seinen Willen durchzusetzen, versucht er vielmehr, mit den Situationen und Umständen zu kooperieren, mit denen er im Leben konfrontiert wird. Nur selten trifft er wichtige Entscheidungen selbst, denn in positivem Sinne sieht er sich selbst als Teil eines größeren Ganzen, das aus Kräften besteht, die außerhalb seiner Kontrolle liegen. Er fühlt, daß man nicht mehr im Einklang mit dem eigentlichen Lebensfluß ist, wenn man seinen eigenen Willen behauptet, ohne diese Einflüsse zu berücksichtigen.

Durch den Punkt des Unpersönlichen Bewußtseins im Widder ist ihm die Energie des »Pioniers« sehr vertraut. Er weiß um die Fähigkeit, persönliche Wünsche in die ferne Zukunft zu projizieren und macht so die Zukunft zu einem Produkt seiner eigenen Wünsche. Wenn er glücklich werden will, darf er sich jedoch nicht mit diesem Wissen identifizieren. Die Widder-Energie ist so geballt, daß sie, wenn man sie selbstsüchtig einsetzt, den Verlust der Perspektive und des Gleichgewichts zur Folge hätte. Es ist äußerst wichtig, schon vor der Tat ihre Auswirkungen abzuwägen. Daher hat die Waage das Bedürfnis, beide Seiten der Medaille zu kennen. Das führt zu einer Lebensweise, die auch die Wünsche anderer mit einbezieht und nicht nur den Ausdruck des eigenen Willens. Dennoch wird diesem Menschen allein dadurch, daß er die »Naturinstinkte« umgeht, das größte Glück zuteil. Die Verpflichtung persönlicher Beziehung, die auf gegenseitiger Zurückhaltung basiert, stellt alle Beteiligten zufrieden.

Der Mensch mit dem Glückspunkt in der Waage fühlt sich so, als wäre er ein Teil von etwas, zu dem er gehört. Er möchte das Gefühl der Unvollständigkeit endlich loswerden und sucht nach Menschen und Umständen, die derartige Ideen und Erfahrungen repräsentieren, die seinen Lebensraum bestimmen. Bei dem Versuch, selbstlos und gutmütig zu werden, entwickelt er ein freundliches, taktvolles Wesen, das weiß, wie man gefällt und ausgleichend wirkt. Je mehr er dies kann, desto größer wird seine innere Befriedigung, die zum Teil aus dem Wissen stammt, daß er niemals persönlich verantwortlich für störende Umstände ist.

Shakespeare hat die hintergründige Lebensfrage »Sein oder Nicht-Sein« gestellt, die man sehr gut auf die Widder-Waage-Polarität beziehen kann. Der Widder antwortet mit Sicherheit: »Sein«. Die Antwort der Waage ist selbstverständlich: »Nicht-Sein«. Der Glückspunkt symbolisiert hier eine Balance in der Mitte des Tierkreises. Er ist wie ein Fenster, durch das der Mensch alle Möglichkeiten erkennt und trotzdem keine persönliche Identität mit einer von ihnen erlangt. Er hält ein empfindliches Gleichgewicht aufrecht, erfährt die Aspekte vieler Persönlichkeiten und erlangt aber selbst niemals eine Persönlichkeit, die seine eigene, einzigartige ist. Doch dadurch, daß er das Leben um sich herum erlebt, kann er ein Gefühl der Zufriedenheit entwickeln. Er weiß, daß er alles haben kann, ohne irgendetwas zu wollen, und daß er an allem teilhaben kann, ohne es zu besitzen. Symbolisch gesprochen steht er in der Mitte eines jeden Gedankens. Er ist ein wahres Paradox: er steht für nichts ein und doch auch für alles.

Lao Tse, ein chinesischer Weiser, schrieb: »Der Radkranz hat 30 Speichen, aber erst die Nabe macht sie sinnvoll.« An einer anderen Stelle heißt es: »Erst durch den leeren Raum im Fenster wird es sinnvoll.« Der Glückspunkt in der Waage ist wahrhaftig eine Nabe und ein offenes Fenster des Bewußtseins. Alle Gedanken, Wünsche und Gefühle der Menschheit drehen sich um dieses Fenster und fließen durch es hindurch. Es ist eine so große Sammlung von Klängen und Farben, daß es immun wird für eine bestimmte persönliche Identifikation mit einem einzigen Klang oder einer einzigen Farbe. So ist es bei diesem Zeichen mit allem. Der Mensch mit diesem Glückspunkt erfährt in kleinerem Umfang alle Tierkreis-Energien. Die Waage, die in der Mitte steht, läßt diese Energien durch einen Menschen fließen, so daß sie gemeinsam ein vollkommenes Einzelwesen bilden. Aus dem Gefühl, zu allem zu gehören, entsteht Freude und Zufriedenheit. Diese Erkenntnis kann den Menschen näher an das Bewußtsein der Wunschlosigkeit führen, das die Grundlage wahrer Erfüllung sein wird. Ohne wünschen zu müssen und ohne andere um etwas zu beneiden, das man selbst nicht hat, kann der Mensch mit dieser Glückspunktstellung alle Erfahrungen und Gefühle ausbalancieren und zur Ruhe kommen. Das Gleichgewicht erreicht er, wenn er seine eigenen gegensätzlichen Gefühle oder die anderer ausgleicht bis eine Einheit spürbar wird. Dadurch, daß der Mensch ein Mittler oder Kanal für das Leben ist, kann er ein Gefühl der Unpersönlichkeit entwickeln. Die Fähigkeit, unpersönlich zu sein, beruht auf der ausgesprochen persönlichen Natur des Zeichens Widder am Punkt des Unpersönlichen Bewußtseins, die durch das Waage-Venus-Gefühl anderer Menschen kanalisiert wird. Man erkennt die egoistischen oder »privaten« Wünsche der Menschen und ist trotzdem fähig, im großen Zusammenhang der Dinge für alle einen Platz zu finden. Durch den Goldschatz am Ende dieses Regenbogens versteht man, daß die kreativen Energien, die von den Menschen im eigenen Leben und deren Wünschen stammen, den richtigen Lebensrahmen bestimmen. So wird in ziemlich ungewöhnlicher Weise dahingehend für einen gesorgt, daß man nie eine richtige oder falsche Entscheidung treffen muß. Mit den Kräften zu fließen, die einen leiten, bedeutet, daß man die notwendigen Entscheidungen fällen kann. Dieses Vertrauen in den Kosmos entsteht durch die Bestimmtheit des Punktes des Unpersönlichen Bewußtseins im Widder. Es ist ein Ausdruck marsischer Tapferkeit angesichts des Unbekannten. Das Wissen, daß die Welt in jeder Hinsicht und jederzeit für einen sorgt, gibt einen tiefen Frieden. Hierin liegt die geheime Freude des Glückspunktes in der Waage.

Der Glückspunkt im Skorpion

Hier gelangt der Mensch durch das Teilhaben am Regenerationsprozeß zu seiner größten Freude. Auf der physischen

Ebene ist dies mit Sexualität verbunden, auf den höheren geistigen und emotionalen Ebenen mit der spitituellen Suche. Sexualität, als die Essenz allen Lebens und die schöpferische Kraft an sich, wird bei diesem Menschen zu einem sehr wichtigen Faktor. Auch hat dieser Mensch den starken Wunsch, den Sinn des Lebens zu erforschen. Für jemanden mit so scharfem und durchdringenden Geist und Wahrnehmungsvermögen ist dies eine leichte Aufgabe. Er besitzt auch ein starkes Gefühl für das Wachstum und die Evolution der Menschheit. Zusammen ergeben all diese Eigenschaften die Fähigkeit, sich in das Unbekannte zu vertiefen, im Zentrum allen Anfangs und allen Endes zu sein.

Durch den Punkt des Unpersönlichen Bewußtseins im Stier sieht dieser Mensch, wie die Menschen und die Gesellschaft in dem alten Trott steckenbleiben, den sie Sicherheit nennen. Die Skorpion-Energie strebt immer danach, das Neue zu entdecken. Sie möchte die bestehende Ordnung entwurzeln, um sie zu verbessern. Die Skorpion-Energie wird hier eingesetzt, um zu untergraben, was nicht mehr nützlich ist.

Der Glückspunkt im Skorpion bringt den Menschen mit seinen eigenen unbewußten Gedankenebenen und denen der Gesellschaft in Einklang. Er ist sehr stolz auf seine Fähigkeit, trotz dieser allgemein unbekannten Kräfte voranzukommen. In den Augen anderer scheint er alles zu zerstören, was sie jahrelang aufgebaut haben. In Wahrheit kann nur zerstört werden, was niemals wirklich wert war, um damit zu beginnen. Dieser Glückspunkt sucht die mystische Realität des Universums. Vieles wird umgestürzt. Verborgene Geheimnisse werden an die Oberfläche gebracht und der Strom menschlicher Gedanken und Gefühle wird mit intensiver Leidenschaft aufgewühlt, bis das Wasser wieder klar ist.

Die Energie des Punktes des Unpersönlichen Bewußtseins im Stier ist eine aufbauende Energie, während die Energie des Skorpion-Glückspunktes eine des Abbaus und der Vernichtung ist. Für den Evolutionsprozeß sind beide notwendig. Alte Gebäude werden abgerissen, damit an derselben

Stelle neue errichtet werden können. Der Mensch mit dem Skorpion-Glückspunkt ist einzigartig darin, die Gebäude sowohl abzureißen als auch neue zu planen und zu errichten.

Der Mensch mit dieser Glückspunktstellung erfährt eine fordernde Energie, die ihn niemals zur Ruhe kommen läßt. Durch sein Streben zu wachsen, zu suchen und alles Unsichtbare zu verstehen, wurzelt seine Freude niemals in einem friedlichen Dasein. Er verändert die Menschen, denn der Mangel an Bewegung und Fortschritt, den er bei seinen Mitmenschen sieht, macht ihn unzufrieden. Sexualität ist nur der Motor, der ihn in Bewegung hält. Sie schenkt eine starke Vertrautheit, die das intensive Gefühl erzeugt, mit den Tiefen der Wahrheit verbunden zu sein. Eine sophistische Fassade kann ihn niemals täuschen und er durchschaut die Realität sehr klar. Da er mit den Kräften der Natur in tiefem Einklang ist, besitzt der Skorpion das höchst entwickelte Wahrnehmungsvermögen aller Tierkreiszeichen.

Durch den Punkt des Unpersönlichen Bewußtseins im Stier kann dieser Mensch die Energie der Entspannung und Zufriedenheit erleben, was einen Ausgleich zu der Skorpion-Intensität schafft. Er weiß, daß dies letztlich das Ziel aller Menschen ist. Er kann es sich selbst jedoch nicht eher zugestehen, als daß er das Gefühl hat, es auch verdient zu haben. Seinen Goldschatz erhält er dadurch, daß er sich aktiv am Aufbau einer sicheren und friedlichen Welt beteiligt, aber nicht, weil die Menschen versuchen, die natürlichen Instinkte zu beherrschen, zu unterdrücken oder zu verbieten, sondern weil sie mit dem Ursprung aller Dinge mehr in Berührung sind. Am glücklichsten ist er, wenn er andere aufklären kann und ihnen neue Wege zeigen kann, die zu erwägen sie Angst hatten.

Der Glückspunkt im Schützen

Hier fühlt der Mensch die Energie unbegrenzter Freiheit. Er sucht den offenen Raum auf geistiger und physischer Ebene und vermeidet Situationen und Umstände, die seine Möglichkeiten einschränken. Von allen Tierkreiszeichen hat der Schütze die größte Fähigkeit, ein Leben voller Freude zu erfahren. Das Dasein kann hier von Natur aus glücklich und reich sein. Wenn dieser Mensch keine Angst hat, sein Glück zu versuchen, wird er entdecken, daß er von Natur aus glücklich ist. Wenn er nicht davor zurückschreckt zu reisen, wird er feststellen, daß er an den fernsten Orten, weit weg von seiner Heimat, am meisten Glück hat. Mit den Jahren expandiert sein Leben und die Umstände und Erfahrungen scheinen unwillkürlich immer größer und bedeutender zu werden.

Durch den Punkt des Unpersönlichen Bewußtseins in den Zwillingen ist er sich immer der Gedanken anderer bewußt. Er erkennt, wieviel man von seinem Leben verschwendet, wenn man versucht, den anderen taktvoll zu Gefallen zu sein, statt zu versuchen, sein Bewußtsein bis zu dem Punkt zu erweitern, wo man versteht, wie unnütz solches Denken in Wirklichkeit ist.

So ungemein wissensdurstig wie er ist, möchte er durch die ganze Welt ziehen, um alles, was es im Leben gibt, auszuprobieren. In der freien Natur ist er sehr glücklich. In überfüllten Großstädten fühlt er sich überhaupt nicht wohl, denn sie führen dazu, sein Denken einzuengen und zu reglementieren und beschränken seine Freiheit, mit dem natürlichen Lebensgeist, der ihn durchströmt, atmen zu können.

Die Schütze-Energie ist eine Energie der Wahrheit, die auf dem Verständnis der Naturgesetze beruht. Die Zwillinge-Energie ist eine Energie der Dualität und ein Bewußtsein der Dualität, die auf dem Versuch der Menschen beruhen, Beziehungen einzugehen. Der Mensch mit dem Schütze-Glückspunkt wird feststellen, daß er, wenn er ein Blatt vor den Mund nimmt, um Beifall oder Anerkennung zu finden oder sich in einen anderen hineinversetzt, um zu wissen, was er ihm sagen soll, sich selbst gegenüber unehrlich ist. Da er durch sein erweitertes Bewußtsein fähig ist, die ganze Situation fast in einem Moment zu erfassen, ist es für ihn am besten, wenn er offen und frei heraus das sagt, was er denkt. Auf diese Weise braucht er die Aufrichtigkeit seiner eigenen Wahrheit nicht anzuzweifeln. Der Punkt des Unpersönlichen Bewußtseins in den Zwillingen verhilft dazu, die Welt der scheinbaren Dualitäten klar und objektiv zu sehen. Dadurch kann man Situationen und Ereignisse schnell überblicken und ermöglicht dem Schütze-Glückspunkt, diese Beobachtungen in einer neuen Einheit zusammenzufügen. Ist dies einmal getan, erhalten die vorangegangenen Beobachtungen eine Richtung und einen Sinn und der Mensch kann nun angemessen handeln.

Der Mensch mit diesem Glückspunkt weiß, daß immer neue Erfahrungen auf ihn warten, um noch mehr Freude und Erfüllung zu bringen. Darum hat er die Tendenz, sich auf die Zukunft hin zu orientieren und sich all die Erfahrungen und Aufgaben vorzustellen, mit denen man diese Zukunft füllen kann. Diese Tendenz ist die Grundlage der prophetischen Begabung des Schützen. Entweder sieht er durch Einsicht, was geschehen wird oder er verwirklicht die Zukunft in Übereinstimmung mit seinem Wunsch mit Hilfe seiner großen Willenskraft.

Große Freude entsteht aus der Erkenntnis, daß das Leben keinen anderen Sinn hat, als es in vollen Zügen zu leben. Während der Punkt des Unpersönlichen Bewußtseins in den Zwillingen beobachtet, wie die Menschen versuchen, sich für eine Lebensrichtung zu entscheiden und immer unglücklich sind, weil sie glauben, daß man das eine immer auf Kosten des anderen wählen muß, kann der Schütze-Glückspunkt alle Richtungen auf einmal erkennen. Dieser Mensch kennt die schreckliche Frustration, keinen Platz im Leben zu finden, nicht. Wo immer er seinen Fuß hinsetzt, fühlt er sich auch zu Hause. Jede Art, seinen Lebensunterhalt zu verdienen, ist seine Aufgabe. Jeder, mit dem er zusammen ist, ist sein Freund. Durch diese Einstellung kann seine Begeisterung im Einklang mit den Kräften seiner Umwelt fließen.

Dieser Mensch ist fähig, an der Oberfläche des Lebens zu

bleiben und sich nicht in Situationen zu verstricken, die seinen stets vorhandenen Optimismus zunichte machen könnten. Was seinem Glück am meisten abträglich ist, ist der Versuch, sich selbst mit den Augen anderer zu sehen. Dies ist ein selbstkritischer Aspekt der Identifikation mit dem Punkt des Unpersönlichen Bewußtseins in den Zwillingen. Dieser Mensch strahlt Freude aus. Er ist Freude. Doch egal wie strahlend ein Licht ist, es kann sich niemals selbst sehen. Andere können die Freude in ihm erkennen und weil er dies weiß, macht er machmal den Fehler, seine Reflexion in ihnen zu suchen. Durch das positive Feedback kann er sich der Illusion hingeben, daß er andere als Gegenleistung glücklich machen kann. Mit dieser geistigen Verpflichtung zu leben kann bedeuten, daß man das Glücksgefühl verliert. Der Mensch mit dem Schütze-Glückspunkt muß lernen, daß das Glück nicht einfach von einem Menschen auf den anderen übertragbar ist. Dies ist eine der großen Aufgaben des Punktes des Unpersönlichen Bewußtseins in den Zwillingen. Schon der Versuch dieses Austausches wird einen nur schwächen. Die Welt kann ihm von Vorteil sein, wenn er nur er selbst bleibt. Wenn er das lernt, wird sein Leben eine begeisterungsfähige Spontaneität erhalten, die unvergleichbar mit irgendeinem anderen Tierkreiszeichen ist. Durch diese ungezielte Spontaneität kann er nahe an das herankommen, was Buddha meinte, als er den wahren Sinn des Lebens nur »zu sein« bezeichnete. Für diesen Menschen ist der Goldschatz am Ende des Regenbogens genauso intensiv wie das Gefühl der Gegenwärtigkeit, das er in jedem Augenblick erfahren kann.

Der Glückspunkt im Steinbock

Dieser Mensch erlangt die größte Freude, wenn er sieht, wie sein Leben eine klare Form und Struktur bekommt. Er hat viele Ambitionen und Hoffnungen, ist aber solange unzufrieden, wie die notwendigen Schritte für ihr In-Kraft-Treten eingeleitet sind. Er möchte immer mit seinem Endziel in Fühlung sein und weiß, daß der beste Weg zur vollen Lebenserfahrung ist, etwas zu schaffen, das die eigene Existenz überdauert. Er bemüht sich, die Einschränkungen seiner Jugend zu überwinden. Er kann eine innere Kraft entwickeln, die ihn erkennen läßt, daß er sein Leben selbst in der Hand hat und es selbst gestalten kann. Das heißt nicht unbedingt, daß alles leicht gehen sollte, denn er fühlt, daß die oberflächliche, vorübergehende Art der meisten Erfahrungen, Dinge und auch Beziehungen ihn von seinem großen Zielvorhaben abbringen. Außerdem braucht er das Gefühl, einen wertvollen Beitrag zur Gesellschaft zu leisten.

Der Punkt des Unpersönlichen Bewußtseins im Krebs läßt den Menschen den vollen Umfang emotionaler Energie erleben. Wie bei allen Konstellationen, wo die Polarität dem Menschen eine Steigerung der emotionalen Erlebnisse bringt, ist es hier besonders wichtig, unpersönlich zu bleiben. Das innere Gleichgewicht, das der Mensch herstellen muß, ist für den richtigen Energieeinsatz lebenswichtig. Es ist interessant, daß alle Erdzeichen durch Wasserzeichen ausgeglichen werden. Trockene Erde ist nicht fruchtbar. Auf solchem Erdboden kann nichts wachsen, was für den Menschen von großem Nutzen wäre. Vielleicht werden dort wertvolle Mineralien gefunden, aber der Wert, den diese darstellen, dient gewöhnlich dazu, sich die Produkte kostbarer, fruchtbarer Erde zu sichern. Auf der anderen Seite ist überschwemmtes Land solange von geringem Nutzen, bis das Wasser zurückgegangen und der Boden wieder etwas trockener ist. Die Steinbock-Energie drängt in Richtung der Vollendung von Projekten und die Krebs-Energie erfährt die emotionale Begeisterung der Geburt am Anfang der Dinge. Damit der Glückspunkt hier am besten wirken kann, muß man das Gefühl in der Hand haben und in eine Richtung lenken. Dies ist wahrscheinlich eine der schwierigsten Aufgaben für einen Menschen. Alles, was der Mensch fühlt, kann tatsächlich als Abschreckungsmittel für alles dienen, was er wirklich tun will. Unsicherheiten aus der Kindheit,

Ängste und Selbstzweifel müssen überwunden werden, damit man die Einstellung entwickeln kann, durch die man erkennen kann, daß das eigene Lebenswerk wichtiger ist als man selbst. Wenn der Mensch dies kann, wird er eine neue Identität erlangen, durch die er zur Qualität und Quantität all dessen wird, was er leisten kann.

Der Punkt des Unpersönlichen Bewußtseins im Krebs gibt ein tiefes Verständnis für die Notwendigkeit eines guten Anfangs oder einer Grundlage für ein Projekt. Man wird keinen Erfolg haben, wenn man nicht für den ersten Schritt oder die erste Idee sorgt, sie pflegt und lenkt. Der Punkt des Unpersönlichen Bewußtseins im Krebs ermöglicht dem Menschen mit dem Steinbock-Glückspunkt, das zu empfangen, auf die Welt zu bringen und zu umsorgen, was zur Reife gelangen soll und was dann wieder sein eigenes Leben führen wird.

Diese Glückspunktstellung bringt erst zu einem späteren Zeitpunkt im Leben Glück. Dadurch wird die Entwicklung wahrer Reife gewährleistet, denn der Mensch muß erst gewaltige Hindernisse überwinden, die Können und Kraft erfordern, die wiederum durch harte Arbeit erworben wurden. Durch den Punkt des Unpersönlichen Bewußtseins im Krebs muß er lernen, daß ihm negative Gefühle körperliche Energien abziehen und ihn daran hindern, das Fortschrittsgefühl zu entwickeln, das er als Motivation braucht. Er ist äußerst empfänglich für die Bedürfnisse der anderen und auf persönlicher Gefühlsebene besonders verletzlich. Wenn der Glückspunkt zu seinem besten Vorteil wirken soll, muß er daher lernen, negative Gefühlsverwicklungen zu vermeiden, die ihn nur verwirren und sein Gefühl der Selbstachtung schwächen.

Am glücklichsten ist er, wenn er die Wege kennt, wie er zu einem absolut fähigen Individuum wird. In einem sehr wahren Sinn wird er zu seinem eigenen Vater. Er lernt, sich selbst zu führen und entwickelt unabhängig von Situationen und Umständen in seinem Leben die Fähigkeit, auf Ebenen tätig zu sein, die für die meisten Menschen im allgemeinen unerreichbar sind, sogar unter den günstigsten Umständen. Steinbock ist ein Zeichen großer Tiefe. Den Handlungen der Steinbock-Menschen liegt immer ein Plan zugrunde, ein Weg, der durch eine genau festgelegte Zweckbestimmung zu dem gesetzten Ziel führt. Sogar Umleitungen sind in diesem Plan berücksichtigt. Für diesen Menschen gibt es keine unklaren Abstraktionen oder Verallgemeinerungen, denn in Wirklichkeit kommt des Lebens Belohnung in Form des Glücks daher, daß er sich immer seiner Bestimmung sicher ist. Der Goldschatz am Ende dieses Regenbogens wird nach vielen Jahren erreicht, durch zielgerichtete Bemühungen auf dem einen Weg, den er eingeschlagen hat. Er weiß, daß er Erfolg weder durch Glück noch durch ein gutes Gespür dafür erreicht, sondern nur durch seine eigenen zielstrebigen Anstrengungen und seinen inneren Wert. Was immer erreicht wird, ist Symbol dieser inneren Entwicklung, die den Goldschatz darstellt.

Der Glückspunkt im Wassermann

Hier erfährt der Mensch sein größtes Glück, wenn er mit den Energien der Bewußtheit und der Erleuchtung fließt. Unberührt von gesellschaftlichen Grenzen und vorgeschriebenen Erwartungen ist er in der Lage, all das zu erfahren, was außerhalb der Grenzen der bestehenden Gesellschaft existiert. Er möchte alles wissen, über die Menschen, über die Welt und über das Universum. Er möchte wissen, wie es möglich ist, daß so viele scheinbar unterschiedliche Aspekte des Lebens zusammenpassen.

Das Ziel des Wassermann-Glückspunktes ist ein Gefühl der Ungebundenheit. Sein Glück erwächst aus dem Verständnis, daß die Dinge zwar unterschiedlich sein können, ohne daß das eine besser oder schlechter ist als das andere. Durch diese Einstellung ist er fähig, klar zu den Konsequenzen seiner Entscheidungen zu stehen. Von Natur aus ist er gerecht und vorurteilsfrei. Durch die faire Behandlung der Welt erfährt er alle Freuden, die mit Freiheit verbunden sind. Weil er objektiv ist und sich nicht übermäßig in die persönlichen Prinzipien anderer einmischt, läßt ihm die Welt die Freiheit, seine eigene Selbsterkenntnis zu suchen. Er braucht niemals den Wegen anderer zu folgen. Die Richtung seines Kompasses wird immer von neuen Ideen bestimmt, die seine Erfindungsgabe und Originalität in der Lebensanschauung anregen. Oft sucht er die Einsamkeit, damit er sich von den Anforderungen der traditionellen Gesellschaft zurückziehen kann, denn seine Freude basiert nicht auf den Gesetzen oder Einschränkungen der Menschen, sondern auf dem Impuls der kosmischen Kräfte, die den Menschen zur Entwicklung seiner höchsten Fähigkeiten anhalten. Er möchte planlos leben. Da er keinen offensichtlichen Lebensstil oder Lebenssinn hat, entwickelt er eine sehr ungewöhnliche Lebensweise. Auf diesem Lebensgefühl basieren seine einzigartigen Kräfte der Genialität und Bewußtheit.

Durch den Punkt des Unpersönlichen Bewußtsein im Löwen kann der Mensch erkennen, wie die Menschen vergeblich nach Macht und Herrschaft streben und er sieht ihren Wunsch, Prinzipien aufrechtzuerhalten, die ihnen Selbstachtung verschaffen. Er weiß, daß diese Dinge in der Welt ihre Berechtigung haben, aber er weiß auch, daß die Welt in einem schrecklichen Zustand ist, in den sie sich selbst gebracht hat, weil diese Dinge mißbraucht worden sind. Es ist die Liebe zur Wahrheit und zu höheren Prinzipien im Löwen, die ihm zum Vorbild wird und nicht die Identifikation mit der Macht, die den spontanen Lebensfluß behindern kann.

Es gibt nur sehr wenig, was den Menschen mit einem Wassermann-Glückspunkt schockieren kann, denn sein Bewußtsein ist so groß, um alle Möglichkeiten zu akzeptieren. Er lebt in der Zukunft und erforscht und entdeckt all das, was die Menschheit für die unerreichbarsten Möglichkeiten hält. Er ist ein wahrhaft freier Geist: liberal in seinen Ideen und unkonventionell in seinem Verhalten und seiner Einstellung. Er erreicht Zufriedenheit, wenn er sich persönlich über die

Richtung, in die sich die Gesellschaft anscheinend bewegt, keine Sorgen macht. Er weiß um eine bessere Zukunft, die auf einer weitreichenden Vision der Wahrheit basiert. Darum lassen ihn die Probleme der Gegenwart relativ unberührt. Er weiß, daß sie auf bestmögliche Weise gelöst werden und kein Grund zur Sorge besteht.

Da die Löwe-Energie stark auf Erfüllung des Egos durch Herrschaft und Macht ausgerichtet ist und sich die Wassermann-Energie mehr darauf richtet, die Fallen des Egos zu umgehen, wird er sein größtes Glück finden, wenn er weder Angst noch Beschämung wegen seiner Objektivität und nicht-konformistischen Einstellung empfindet. Die Kraft, dies zu schaffen, kommt ebenfalls aus der Löwe-Energie. Sie ermöglicht, den Wunsch nach Macht zu besiegen, weil sich die Vision sowohl auf das Innere als auch auf das Äußere bezieht.

Sobald dieser Mensch sich selbst als »andersartig« akzeptiert und erkennt, daß seine Wünsche und Ideen einzigartig und in fortgeschrittenem Stadium sogar prophetisch sind, wird er beginnen, die Wirklichkeit zu entwickeln, die seine Seele angestrebt hat. Er wird erkennen, daß sein Geist frei ist, um das Bewußtsein und die Bewußtheit zu erforschen, was die Menschheit schließlich von den Fesseln des kollektiven Egos befreit. Die Freude dieses Goldschatzes wird nicht ihm allein zuteil, sondern allen Menschen!

Der Glückspunkt in den Fischen

Hier hat der Mensch die Möglichkeit, die Summe aller schöpferischen Energien des Tierkreises zu erfahren. Er ist auf feinste Weise mit den kosmischen Kräften im Einklang. Er kann mit einer unsichtbaren Realität fließen, von der er weiß, daß sie sich als greifbare physische Realität manifestiert. Er weiß, daß sich das Universum aus einer Substanz zusammensetzt, die nicht an Materie gebunden ist. Er erfährt die Einheit aller Dinge und kann sich jeder Schwingung anpassen und jedes Bedürfnis erfüllen.

Mit diesem Glückspunkt wird dem Menschen die Freude zuteil, Zeit, Raum und Gedanken zu transzendieren. Seine starke Intuition und seine Harmonie mit den Kräften des Kosmos verleihen diesem Menschen eine geheimnisvolle Anziehungskraft. Man hat das Gefühl, daß er mit dem Unbekannten sehr vertraut ist.

Durch den Punkt des Unpersönlichen Bewußtseins in der Jungfrau sieht dieser Mensch, wie andere versuchen, ihr Leben zu planen und zu organisieren, während es ihnen nie gelingt, das vollständige Bild und seinen Sinn zu erkennen. Er erfährt auch die Begrenzung, in einem endlichen Bewußtsein zu leben, in dem die einzige Realität das zu sein scheint, was man sehen, berühren oder fühlen kann. Wenn er glücklich sein will, darf er sich nicht mit dieser Realität identifizieren. Sein Wahrnehmungsvermögen transzendiert das endliche Universum. Die Dimensionen von Zeit und Raum sind für die unendliche Qualität dessen, was er wahrnimmt, von geringer Bedeutung.

Wie könnte es jemals eine größere Freude geben, als die, das ewige Einssein mit Gott zu fühlen? Wie könnte es etwas auf Erden geben, das keine Reflexion dessen ist, was nicht irdisch ist? Wie könnte überhaupt etwas existieren, das nicht dem Geist entspringt? Der Fische-Glückspunkt läßt den Menschen auf eine Art und Weise die Essenz der Realität erkennen, die über verbale Kommunikation hinausgeht. Dieser Mensch steht wirklich zwischen der Welt Gottes und der Welt des Menschen und weiß, daß beide eins sind. Er erlebt diese Einheit.

Der Mensch mit dem Glückspunkt in den Fischen macht ungern Versprechungen. Er weiß, daß es nicht immer in der eigenen Macht liegt, ein Versprechen zu halten oder zu brechen. Um sich sein Glück zu sichern, muß er die Jungfrau-Tendenz vermeiden, zu manipulieren und einen bestimmten, festgelegten Lebensstil zu planen, den er dann auch durchführen muß. Stattdessen sollte er sich die Jungfrau-

Fähigkeit zunutze machen, die Vollkommenheit in allem zu sehen und das Leben seinen Lauf nehmen zu lassen.

Der Mensch mit einem Fische-Glückspunkt braucht nichts zu erobern, denn er ist ein Teil dessen, der Herr über alle Dinge ist. Er braucht sich nicht zu unterwerfen, denn er erkennt, daß es wirklich nichts gibt, das sich unterwerfen müßte, denn Unterwerfung und Eroberung sind nur zwei Seiten derselben Medaille. Die Freude entspringt einem stillen Verständnis, was ihm ein müheloses Fließen durch alle Lebenserfahrungen gewährt.

Der Goldschatz am Ende des Regenbogens ist tatsächlich der Regenbogen selbst. Der Fische-Glückspunkt schenkt die besondere Erkenntnis, daß das Leben, die Welt der Ideen und ihre Begrenzungen letzten Endes nur Erscheinungen sind. Schöpferische Phantasie, die auf der Erkenntnis höherer Wahrheit beruht, auf Verständnis und Liebe und nicht auf Illusion, ist das, was Seele und Geist befreien kann. Freude und Glück entspringen der Harmonie mit höheren Bewußtseinsebenen. Die Fähigkeit, sich auf diese Ebenen einzustimmen, stammt aus dem Punkt des Unpersönlichen Bewußtseins in der Jungfrau, durch den die Gedanken gereinigt, geordnet und gelenkt werden. Die merkurische Energie bildet eine Brücke zwischen den emporstrebenden Ebenen der Wahrnehmung und des Verstehens, die zu der allumfassenden Umarmung von Jupiter und Neptun führen. Durch seinen mitfühlenden Wunsch zu helfen und eine liebevollere Welt zu gestalten, schaffen seine Hoffnungen, Träume und Wünsche tatsächlich ein schöneres Bewußtsein für seine Mitmenschen. Was auch immer in seiner Vorstellung existiert, wird zu einem Teil seiner Wirklichkeit.

KAPITEL V

ASPEKTE ZUM GLÜCKSPUNKT

Der Glückspunkt ist richtiger gesagt ein arabischer Punkt und kein Planet. Einige Astrologen haben die Auswirkungen der planetarischen Aspekte auf diesen Punkt im Horoskop noch nicht berücksichtigt. Es gibt jedoch einige schwerwiegende Gründe, um sich dem Studium der Planetenverbindungen mit diesem Punkt zu widmen.

Man sollte verstehen, daß der Glückspunkt eine sehr sensitive Stelle im individuellen Horoskop darstellt. Hier reagiert man sehr stark auf andere Menschen, deren Planeten diesen Punkt berühren, sowie auch auf Transite und Progressionen über den Glückspunkt. Wenn daher ein Gebiet im individuellen Horoskop so sensitiv ist, daß man so intensiv auf äußere Kräfte reagiert, dann hat es offensichtlich auch genug Kraft, um als einflußreicher Faktor im Leben berücksichtigt zu werden. Man kann das Ausmaß der Kraft dieses arabischen Punktes anzweifeln und zu Bedenken geben, daß er ja gar kein Planet ist. Diese Meinung führt zu dem Glauben, daß der Glückspunkt schwächer ist als ein Planet. Hier ist es besonders wichtig zu erkennen, daß der Glückspunkt nicht aus irgendeinem Planeten resultiert, sondern vielmehr die kombinierte Kraft und Sensitivität der beiden Lichter, die oft als die zwei stärksten Planeten im Horoskop angesehen werden, und des Aszendenten repräsentiert. Dann sollte man erkennen, daß der Glückspunkt offensichtlich ein sehr wichtiges Gebiet im Horoskop anzeigt und daß er mit der gleichen, wenn nicht sogar stärkeren Kraft als ein einzelner Planet auf äußere Anreize reagiert.

Dies führt zu einer weiteren Betrachtung. Wenn der Glückspunkt in Erfahrungen und Umständen, die durch die verschiedenen Transite und Progressionen hervorgerufen werden, für äußere Kräfte empfänglich ist, ist es dann nicht auch möglich, daß er es für innere Kräfte ist, die aus dem

Bewußtsein des Menschen innerhalb der Grenzen seines Geburtshoroskops stammen? Dies kann man sehr leicht beantworten, wenn man andere nicht-planetarische Punkte im Horoskop betrachtet, z. B. den Aszendenten, das Medium Coeli, die Mondknoten, die Häuserspitzen, den Zenit, den Nadir, den Deszendenten und all die anderen nicht-planetarischen Punkte. Sind sie empfänglich für Beziehungen oder Aspekte, die Planeten mit ihnen bilden? Hat es etwas zu bedeuten, wenn ein Planet in Konjunktion zum Aszendenten steht? Ja. Es verändert das ganze Horoskopbild. Ist es von Bedeutung, wenn ein Planet ein Quadrat zu einer Häuserspitze bildet? Gewiß. Dadurch entsteht eine bestimmte Spannung zwischen der Planetenenergie und den Erfahrungen, die dieses Haus symbolisiert. Ist es wichtig, wenn jemand drei Planeten in Konjunktion zum aufsteigenden Mondknoten stehen hat? Natürlich! Dadurch wird der Mensch mit Nachdruck zur Erfüllung seines Karmas gezwungen.

Man kann viele Beispiele anführen, wie sich planetarische Aspekte tatsächlich stark auf sensitive Punkte im Horoskop auswirken. Was hier verdeutlicht werden soll, ist die Tatsache, daß ein Punkt des Horoskops durch Aspekte beeinflußt wird, obwohl er kein Planet ist.

Man kann dies auch noch von einer anderen Seite aus betrachten. Vergessen wir für einen Moment die Astrologie und erinnern uns nur daran, daß der Glückspunkt die Freude symbolisiert, die man im Leben sucht. Nun muß man folgendes beachten: auf einer sehr irdischen alltäglichen Denkebene gibt es im Leben des Einzelnen Dinge, die ihm Freude bereiten. Angesichts dessen gibt es auch Dinge, die seine Freude fördern oder die dieser Freude im Wege stehen. Die Freude eines Menschen kann geistiger Friede sein, was ähnlich wie der Glückspunkt etwas Nicht-Greifbares ist. Durch eine Rechnung, die plötzlich mit der Post kommt, wird seine Freude für einen Moment beeinträchtigt. Die Rechnung ist eher greifbar, in diesem Sinne wie ein Planet. Während das eine zwar greifbarer als das andere ist, besteht doch ein enger Zusammenhang zwischen beiden. Die emotionale Reaktion des Menschen, die aus seinem Inneren kommt, auf die Tatsache, daß er die Rechnung bezahlen muß, lenkt ihn von seinem Ziel ab, das in diesem Falle geistiger Friede war. Auf gleiche Weise wirkt sich ein planetarischer Aspekt zum Glückspunkt auf das Leben des Einzelnen aus.

Um ein anderes Beispiel zu nehmen, stellen wir uns jemanden vor, dessen Glückspunkt im 5. Haus in Konjunktion zum Mond steht. Auf einer ganz realistischen Ebene liegt das Glück dieses Menschen in dem Wunsch nach einem Kind. Der Mond symbolisiert die tatsächliche Geburt dieses Kindes. Vergessen wir nun wieder für einen Augenblick die Astrologie und betrachten den Zusammenhang zwischen der Sehnsucht, dem Wunsch, der Erwartung und dem Warten auf das sprichwörtliche kleine »Bündel an Freude« und seiner möglichen Verwirklichung. Hier ist das eine wieder greifbarer als das andere, doch stehen sie in einem direkten Zusammenhang. Astrologisch gesehen kann daher ein Teil des Horoskops greifbarer als ein anderer sein, ohne deshalb unbedingt wichtiger zu sein. Zweifellos ist die sichtbare Geburt eines Kindes äußerst wichtig für den Menschen. Aber sind die Monate der freudigen Erwartung, der Pläne, der Zukunftsträume und das erstaunliche Gefühl der Ehrfurcht, daß man einen Teil von Gottes Schöpfung erfahren darf, weniger wichtig?

Das Sichtbare und das Unsichtbare sind zwei Seiten derselben Medaille. Sie wirken immer zusammen. Hier kommen wir zu einer noch bedeutsameren Erkenntnis. Der Glückspunkt ist in Wirklichkeit nicht nicht-greifbar. Es gibt sehr eindeutige Wege zu dem, was man als Freude im Leben sucht. Im allgemeinen weiß jeder genau, was ihn glücklich macht. Dieses Wissen ist etwas Greifbares, das man erleben, fühlen, genießen und erreichen kann. Es erfüllt einen von innen heraus und ermöglicht einem, es allen anderen gegenüber auszustrahlen.

Anhand dieser Vergleiche kann man leicht erkennen, daß Aspekte zum Glückspunkt einen sehr eindeutigen Effekt auf die Art und Weise haben, wie jemand sein eigenes spezielles Glück erreichen kann. Diese Aspekte beziehen sich auch auf die Hindernisse, die auf dem Weg zu diesem Glück überwunden werden müssen. Ich habe das Wort »Hindernis« absichtlich gewählt, um noch ein anderes Thema anzusprechen. In Wahrheit gibt es in keinem Horoskop etwas Negatives! Es gibt Dinge, die Zeit brauchen, damit man sie versteht. Bis dahin scheinen sie den Weg zu blockieren und einen davon abzuhalten, was man ersehnt. Dies sind Hindernisse, die aber nur Stufen sind, die unser persönliches Glück nur noch bereichern, wenn es erreicht ist, aufgrund der enormen inneren Kraft, die man während des inneren Reifeprozesses entwickelt hat. Lernprozesse, die Jahre dauern und bei denen man gewöhnlich zwei Schritte vorwärts und einen zurück macht, sind viel bedeutender. Was zu leicht erreicht wird, verliert in unseren Augen an Wert. Daher muß man mühsame oder mühelose Aspekte aus der richtigen Perspektive beurteilen, jeden genau nach seinem Wert. Für Dinge, die leicht und mühelos erreicht werden, muß man demütig sein und für die, die mit Schwierigkeiten verbunden sind, muß man dankbar sein. Hierin liegt außer jeder anderen Freude, die der Glückspunkt symbolisiert, die wahre, dauerhafte Eigenschaft der Freude.

Quadrate zum Glückspunkt

Wenn Planeten ein Quadrat zum Glückspunkt bilden, ist man geneigt zu glauben, daß sie dem Menschen die Freude versagen. Doch das entspricht in keinster Weise der Wahrheit. In Wirklichkeit stellen sie die Spannung her, die den Menschen zum Handeln veranlaßt. Nach Freud führt die Handlung den Menschen aus dem Traumzustand. Je mehr man tut, handelt, sich beteiligt, arbeitet, sich bemüht etc. desto mehr nähert man sich der Verwirklichung seiner Träume.

Nur darüber zu phantasieren oder davon zu träumen, was

einem Freude macht, verwirklicht sie noch lange nicht. Der erste Schritt zur Verwirklichung dieser Wünsche ist, sich einzugestehen, daß die Erfüllung der größten Wünsche das Ergebnis einer gesammelten Anstrengung ist.

Je »ungünstiger« die Planeten sind, die Quadrate zum Glückspunkt bilden, desto gründlicher bahnt sich der Mensch seinen Weg aus seinem Unglück, um Platz für die Freude zu schaffen. Man muß sich immer vergegenwärtigen, daß alles, was man tut, nicht dazu da ist, um sich über die damit verbundenen Anstrengungen zu beklagen, sondern um den Weg und die Mittel klar abzustecken, die einem helfen, die positivsten Wirkungen des Glückspunktes zu erzielen.

»Günstige« Planeten im Quadrat zum Glückspunkt können dem Menschen die Erfüllung seiner Wünsche früher im Leben bringen oder durch einfachere Methoden. Hier muß man sich daran erinnern, daß es weitaus schwieriger ist, die Freude zu erhalten und zu bewahren, als sie zu erreichen! Ein Mensch kann den Wunsch haben, Sänger zu werden und durch günstige Quadrate zu seinem Haus X – Glückspunkt Anstrengungen machen, eine erfolgreiche Schallplatte aufzunehmen. Aber wieviel Prozent macht die Platte an der zweiten oder dritten Stelle der Hitlisten aus bei den Millionen Schlagersängern, die es gibt? Tatsache ist, daß nur weniger als ein Prozent Erfolg haben. Betrachten wir dies nun auf einem anderen Lebensgebiet im Horoskop, bei jemandem mit günstigen Quadraten zu seinem Haus XI – Glückspunkt. Die Qudrate helfen dem Menschen, seine Energie auf die aktive Suche nach Freundschaften zu verwenden. Aber weil es ihm sehr leicht fällt, Freunde zu bekommen, wegen der günstigen Energie, die in diese Richtung kanalisiert wird, werden diese Freundschaften nicht lange halten, weil der volle Wert des Erreichten kaum erkannt und geschätzt wird.

Im Wesentlichen schaffen Quadrate zum Glückspunkt dynamische Energien, die der Mensch nutzen kann, um glücklich zu werden. Ob die Freude nun mühelos erreicht wird oder unter Schwierigkeiten, ob in relativ kurzer Zeit oder langfristig, gibt es nichts Schöneres, als selbst zum Teil der Freude zu werden. Die Lektion dieser Quadrate ist, daß die Belohnung die Mühe wert ist!

Trigone zum Glückspunkt

Planeten im Trigon zum Glückspunkt bringen Lebensumstände, die den Menschen zu seinem Glück führen. Bei diesen Aspekten ist es sehr wichtig, daß man seinem Glück nicht hinterherjagt, denn in diesem Falle würde sich das Glück bei jedem Schritt, den man tut, entziehen. Auf der anderen Seite wird man seinen Glückspunkt automatisch erreichen, wenn man lernt, mit den Umständen, Personen und Ereignissen, die in sein Leben treten, zu fließen, ohne dabei sein Glück bewußt im Auge zu haben.

Trigone bringen immer äußere Erlebnisse, aber nicht immer so einfach, wie man glaubt. Bei ungünstigen Planeten im Trigon zum Glückspunkt erlegen einem andere Menschen ziemlich schwierige Umstände auf. Doch genau durch diese Umstände verwirklicht man schließlich seine Wünsche. Bei Quadraten scheint der Weg des Menschen direkter zu sein, weil er von innen heraus kommt. Wenn sein Horoskop aber Trigone aufweist, scheint er in viele verschiedene Richtungen zu gehen. Er gerät quasi in die Realität eines jeden Menschen, dem er begegnet, hinein und ebenso verläßt er sie wieder. Diese Realitäten symbolisieren in gewisser Weise das, was der Glückspunkt für ihn bedeutet. Obwohl er auf Abwege kommt, gelangt er immer noch dort an, wo er hin will. Das Interessante dabei ist, daß er sogar oft zum Ziel kommt.

Wenn die Trigone zum Glückspunkt von günstigen Planeten gebildet werden, ist es für den Menschen besonders leicht, seine Träume zu verwirklichen. Immer wieder scheint er auf dem Lebensgebiet, das der Glückspunkt symbolisiert, viel Glück zu haben. Die Lektion, die man hier lernen muß, ist, sein Glück nicht zu übertreiben, sondern es vielmehr als einen Teil des göttlichen Schicksals zu würdigen, das man aus unerfindlichem Grunde empfangen darf.

Oppositionen zum Glückspunkt

Planeten im Opposition zum Glückspunkt bilden gleichzeitig eine Konjunktion mit dem Punkt des Unpersönlichen Bewußtseins. Was sie daher dem Menschen auf einem Gebiet zu nehmen scheinen, geben sie ihm auf einem anderen Gebiet wieder zurück. Diese Planeten wirken am besten, wenn der Mensch nicht versucht, sie zum eigenen Vorteil zu nutzen. Das muß nicht unbedingt heißen, daß man mehr geben als nehmen soll. Stattdessen ist es wichtiger, daß diese Planetenenergien genutzt werden, ohne daß man die Funktion, die sie repräsentieren, oder die Ergebnisse, die sie erzielen, besitzen will. Ein wenig Objektivität hilft, daß sie am besten wirken und verwehrt dem Menschen keineswegs die verheißene Freude.

Diese Planeten symbolisieren die Art und Weise, wie der Mensch durch ein unpersönliches Bewußtsein an der Welt teilnimmt. Daher zeigen sie ihm vielmehr, daß er genauso ist, wie jeder andere auch, als daß sie die Einzigartigkeit hervorheben, die jeder in sich selbst als Ego-Identität finden möchte. Obwohl diese Planeten nicht auf persönlicher Ebene wirken werden, kann der Mensch durch sie erkennen, daß er Teil der Lebenserfahrungen ist, die allen gemeinsam sind. Auf persönlicher Ebene gibt ihm das ein Gefühl der Zugehörigkeit, das er anders nicht verwirklichen könnte.

Konjunktionen zum Glückspunkt

Planeten in Konjunktion zum Glückspunkt verhelfen dem Menschen zu seiner größten Freude, wenn er lernt, sie zu gebrauchen und positiv einzusetzen. Sie lenken seine Energien auf den Weg zum Glück, so daß er nicht umhin kann, es zu finden. Im Wesentlichen bringen sie Konzentrationsfähigkeit, so daß er nicht von seinem Ziel abkommt.

Diese Planeten bilden gleichzeitig Oppositionen zum Punkt des Unpersönlichen Bewußtseins. Darum halten sie den Menschen davon ab, zu unpersönlich zu werden. Dies würde ihn von seiner persönlichen Wirklichkeit ablenken. Hinzu kommt, daß jeder Planet in Konjunktion zum Glückspunkt klarer definiert, was den Menschen glücklich machen wird. Sogar ungünstige Planeten können einem zum Glück verhelfen. Viele Menschen haben viel Freude am Kämpfen. Wenn ihnen der Anlaß dazu genommen würde, wären sie todunglücklich. Viele Menschen sind glücklich, wenn sie sich das Leben scheinbar schwer machen. Wenn man versuchen würde, es ihnen leichter zu machen, wären sie unglücklich! Darum muß der Zustand der Freude nicht unbedingt mit der Vorstellung vom Glück übereinstimmen. Er muß lediglich das erfüllen, was jemand für das ihn wirklich glücklich Machende hält!

Keine Aspekte zum Glückspunkt

Oft gibt es keine Aspekte zum Glückspunkt. In diesem Fall ist es interessant, den Planeten zu studieren, der dem Glückspunkt am nächsten steht. Er liefert einen Anhaltspunkt dafür, wie der Mensch sein Gefühl der Freude zu erreichen sucht, d. h. die Mittel, die er einsetzt, um sein Ziel zu erreichen. Ob die Mittel einfach oder schwierig für ihn sind, ob sie ihm tatsächlich helfen, seinen Glückspunkt zu erreichen oder ob sie ihn davon abhalten, wird durch die Aspekte auf diesen »nächsten« Planeten bestimmt.

KAPITEL VI

DER GLÜCKSPUNKT UND DAS KARMA

Der Glückspunkt zeigt die Wege, wie ein Mensch seine größte Freude und Zufriedenheit erreichen kann. Offensichtlich trägt er auch viel dazu bei, wie gut der Mensch seinem negativen Karma gegenübertritt und es überwindet, während er gleichzeitig die Belohnungen des positiven Karmas verwirklicht und annimmt.

Unabhängig von den Erfahrungen in früheren Leben wird im gegenwärtigen Leben mehr Karma geschaffen und durchlebt als man sich vorstellen kann. Wenn jemand einen Lebensstil hat, der ihm ständig Schuldgefühle verursacht, dann neigt er dazu, sein ganzes Horoskop durch Saturn zu leben. In diesem Fall kann ein von Schuldgefühlen beherrschtes Unterbewußtsein tatsächlich die positiveren Bereiche des Horoskops an ihrer Verwirklichung hindern.

Wenn jemand Verantwortung scheut, dann fängt sie an, ihm über den Kopf zu wachsen. Auch hier wird die Last von Saturn so schwer, daß der Mensch die Perspektive verliert. Da er ständig etwas vermeiden will, versteht er nicht, wie er sein Horoskop tatsächlich in Harmonie bringen kann und wie sich sein ersehntes Glück erfüllt.

Wenn jemand weiß, daß er wegen seiner Eltern Probleme hat, sich selbständig zu machen und doch aus Angst, sie zu verletzen, die Konfrontation damit scheut, was dazu führen könnte, daß er sein eigener Herr wird, dann fühlt er das Gewicht Saturns in Form von verborgenem Kummer, der seine Lebenseinstellung verdüstert.

Wenn sich ein Mensch für die Situation seiner Eltern oder Vorfahren verantwortlich fühlt, ist er auch wieder ein Gefangener Saturns. Wenn er fühlt, daß er selbst als Elternteil nicht das sein kann, was er eigentlich sein sollte, ist das Ergebnis das gleiche.

Es gibt viele Studenten der Astrologie und der Esoterischen

Wissenschaften, die in dem falschen Glauben leben, daß Gott sie mit einer besonderen, einzigartigen Aufgabe betraut hat, die eine Hauptrolle in der Menschheitsentwicklung spielen wird. Diese Einstellung fordert auch die Mühen Saturns heraus, wie eine schwarze Wolke über dem Rest des Horoskops zu stehen.

Es ist interessant, daß die meisten Anfänger der Astrologie den Wunsch haben, Saturn aus ihrem Horoskop zu streichen, wenn sie es zum ersten Mal sehen und verstehen. Umgekehrt messen die fortgeschritteneren Astrologen dem Saturn zuviel Bedeutung bei. Beide Einstellungen sind extrem und halten den Menschen davon ab, den fließenden Ausdruck seiner ganzen Persönlichkeit zu erfahren. Zuwenig oder zuviel Konzentration auf Saturn verursacht eine derartige Disharmonie im individuellen Seins-Mittelpunkt, daß der Mensch sich selbst daran hindert, herauszufinden, wer er ist und wie er sich entfalten kann.

Eine der eher unbekannten und mystischen Eigenschaften Saturns ist das Bedürfnis, die innere Struktur der Dinge zu verstehen. Der Mensch sucht bis zu dem Maße nach Weisheit, wo er sich selbst durch ein Übermaß an Wissen belastet. Weisheit kann man nicht suchen. Sie kommt mit den Lebenserfahrungen und weder aus Büchern noch dadurch, daß man den Worten anderer lauscht. Sie ist die Summe dessen, was der Mensch weiß durch das, was er persönlich erlebt hat. Die Weisheit muß in die Praxis umgesetzt werden, sonst versteinert sie.

Die richtige Anwendung des Saturn ist, ihm nicht mehr und nicht weniger Gewicht beizumessen als jedem anderen Teil im Horoskop. Ja, der Mensch hat Verantwortung. Diese Verantwortung basiert auf den Bedürfnissen, die er sich selbst erschaffen hat. Es ist ein großer Unterschied, ob man sich zu sehr mit Sorgen, Lasten und Verpflichtungen abgibt oder ob man ihnen auf möglichst einfache Weise gerecht wird, indem man sie nur als einen Ausschnitt aus der Totalität des Lebens akzeptiert und sich auf größere und bessere

Dinge konzentriert. Denn sonst wird man leicht blind für alle anderen Lebenserfahrungen.

Saturn kann leicht zum Planeten der Stagnation werden, der den Menschen leicht ein ganzes Leben lang auf der gleichen Bewußtseinsstufe festhält. All die Jahre hindurch sind dann die Sonne, der Mond, der Aszendent und der daraus resultierende Glückspunkt gezwungen, die »zweite Geige« zu der archaischen und altmodischen Denk- und Lebensweise zu spielen.

Es gibt Menschen, die einfach »sein« wollen und solche, die verstehen wollen, wie man ist. Erstere erleben das Leben voll und ganz, genießen den Wechsel der Jahreszeiten und beteiligen sich an neuen Erfahrungen, die dem Leben ein Gefühl der Entwicklung und des Fortschritts geben. Letztere tendieren dazu, das Leben zu beobachten oder zu manipulieren und haben Angst davor, ihre Zehen ins Wasser der Gefühle zu tauchen und ihren Kopf in die Luft von Einsicht, Wahrheit und Weisheit zu strecken.

Im Grunde genommen gibt es nur zwei Arten von Menschen auf der Welt: solche, die wissen und solche, die nicht wissen. Die, die nicht wissen, leben in der Vorstellung, daß sie nicht nur über ihr eigenes sondern auch über das Leben anderer vollständige Kontrolle haben. Sie bemühen sich niemals, mit der Natur in Einklang zu sein. Vielleicht genießen sie die Schönheit in ihrer Umgebung und würdigen sie auch, aber sie sehen sie in keinerlei Beziehung zu ihrem Lebensplan. Diese Menschen verbringen die meiste Zeit ihres Lebens damit, sich darüber zu beklagen, daß ein Picknick wegen Regenwetter ins Wasser fällt, sie sich bei zuviel Sonnenschein nicht wohl fühlen oder daß irgendeine äußere Kraft die Durchsetzung ihres eigenen Willens verhindert. Auf der anderen Seite gibt es die Menschen, die wissen. Sie wissen, daß das menschliche Leben nicht getrennt von der Natur sondern ein Teil von ihr ist. Sie freuen sich über den Regen, denn er läßt alles ergrünen und bringt Sauberkeit und Frische in die Atmosphäre. Sie freuen sich über den Sonnenschein, denn in seinem Glanz kommt die ganze Schönheit der Natur erst voll zur Geltung. Niemals sehen sie Dinge, Menschen und Umstände als Behinderung an für ihren eigenen Willensausdruck sondern sie leben ihr Leben vielmehr als ein gemeinsames Teilhaben am Angebot der Natur. Die, die nicht wissen, sind so wenig im Einklang mit sich selbst, daß sich kaum etwas in ihrem Leben verwirklicht, das ihnen Glück bringen würde. Sie stehen ständig im Wettstreit mit einer Illusion des Egos, was sie, wie die dem Esel vorgehaltene Karotte, von einer Erfahrung in die andere treibt. Die, die wissen, werden niemals von Verantwortungen belastet, nie von Ängsten bedrückt, nie von unverständlichen Sorgen gequält, die sich schließlich ganz von selbst lösen.

Wenn man herausfinden möchte, was sein besonderes Karma ist, ist es in der Tat Zeitverschwendung, denn in der Zwischenzeit hätte jeder sein Karma gelebt, auch ohne das eine oder andere zu hinterfragen. Die Sache ist die, daß sich der Glückspunkt, der kein bestimmter Planet sondern eine Mischung aus drei Faktoren im Horoskop ist, am besten auswirkt, wenn man versucht, sein Leben so natürlich wie möglich zu leben. Dafür ist es notwendig, daß man aufhört zu klagen und an alten Verhaltensmustern festzuhalten, die so charakteristisch für die negative Wirkung Saturns sind. So paradox es erscheinen mag, der Mensch muß sein persönliches Selbst transzendieren, um es zu finden.

Die Welt hat soviel zu bieten, daß das größte Problem des Menschen ist, niemals wirklich zu wissen, für was er sich entscheiden soll. Wenn er schließlich eine Wahl trifft, ist er nie ganz sicher, ob ihn die getroffene Wahl nicht von anderen Erfahrungen abhält, die ihm vielleicht mehr Vergnügen bereiten würden. Die Angst vor der Einschränkung des eigenen Lebensstils ist ein anderes Merkmal für die negative Saturn-Reaktion. Die, die wissen, sehen das aber niemals so.

Das Positivste, was ein Mensch tun kann, um sich selbst in Einklang mit dem zu bringen, was für seine Lebensart am geeignetsten ist, ist, Erfahrungen, Umstände und Menschen von sich fernzuhalten, die dazu neigen, sein Wachstum zu behindern, seine Energien zu zerstreuen und eine Vielzahl von Ablenkungen hervorzurufen. Dadurch stabilisiert er sich in der Realität, was dazu dient, Ordnung und Harmonie herzustellen und das Leben allgemein zu bereichern. Die Welt ist für einen allein zu groß, um alles haben zu können und es ist unmöglich, die Erfahrungen anderer zu machen. In jedem Horoskop erscheint der Glückspunkt nur in einem Haus und einem Zeichen, wodurch das jeweilige Lebensgebiet bezeichnet ist, das, wenn man fähig ist, seine positiven Energien zu konzentrieren, die Belohnungen für einen bereithält, die einem das eigene, einzigartige Gefühl der Freude bringen werden.

Zuviel Nachdenken verwirrt nur die Sinne. Wenn man sich ständig nur mit seinen Schwierigkeiten beschäftigt, verliert man seine optimistische Lebensanschauung. Wenn man mit den Naturkräften fließt, entdeckt man bald seinen eigenen, einzigartigen Bewußtseinsstrom. Wie der Gebirgsfluß hinunter ins Tal fließt, wird man mit der natürlichen Strömung treiben, wenn man innerhalb der Uferbegrenzungen bleibt, die einen bestimmen. Diese Strömung bringt einen schließlich zu seinem Ozean der Freude.

KAPITEL VII

DER GLÜCKSPUNKT IN BERÜHMTEN HOROSKOPEN

Bob Dylan

Im Horoskop von Bob Dylan – Sänger, Musiker, Dichter, Mystiker und eine Legende seiner Zeit – finden wir den Glückspunkt im Stier im 12. Haus. Der Punkt des Unpersönlichen Bewußtseins liegt im 6. Haus im Skorpion. Dieser Haus XII – Glückspunkt zeigt eine starke Sehnsucht nach inneren Dingen an, um die unfaßbaren Gefühle, die das äußere Leben des Menschen so sehr beeinflussen, zu finden und zu verstehen. In diesem Horoskop bildet der Glückspunkt eine fast genaue Konjunktion zum Uranus, was Erleuchtung, Erkenntnis und Bewußtseinsveränderung anzeigt.

Viele Berufsmusiker haben mindestens einen Planeten im Zeichen Stier. In Bob Dylans Horoskop stehen hier vier Planeten und zusätzlich der Glückspunkt, was bedeutet, daß Musik einer der Wege ist, auf dem er seine größte Freude erreichen kann. Die Stellung im 12. Haus zeigt, daß er dann am glücklichsten ist, wenn er nicht vor großem Publikum auftritt, denn das Zeichen Stier ist im Grunde genommen schüchtern, sondern wenn er die Einsamkeit und Zurückgezogenheit genießt, die das 12. Haus bietet. Daher verbringt er viel Zeit weit entfernt von den Forderungen einer schnelllebigen Welt, die sich oft sogar im Kreis zu drehen scheint.

Vom 12. Haus aus kann der Mensch die ganzen Leiden der Menschheit erkennen und sich fragen: warum das alles? Der Fehler des Menschen, daß er versucht, mehr zu sein, als er ist, und die Erkenntnis, daß er weniger ist, als er glaubt, wird vom Blickwinkel des 12. Hauses aus gesehen klar. »Wieviele Wege muß ein Mensch erst gehen, bevor man ihn Mensch nennen kann?«, singt Bob Dylan in seinem Lied

»Blowing in the Wind«. Und in einem anderen: »Ich will dich nicht besitzen..., ich will dich nicht ändern...«, eine wirklich einmalige Einstellung, die diese starke Stier-Konstellation hervorbringt. Das Neptunbeherrschte 12. Haus bringt die Erdhaftigkeit des Stier in einen sehr feinen Einklang mit einer höheren kosmischen Realität. Aus dieser Anschauung heraus ist Dylan fähig, die Menschheit für eine neue Verständnisebene aufzurütteln, die dem Menschen zu einem harmonischen Seinszustand verhelfen kann.

Der Haus XII – Glückspunkt bringt dem Menschen großes Glück, wenn er die Vollkommenheit in sich selbst findet. Weil man nicht versucht, so zu sein, wie einen die anderen gerne haben möchten, weil man seinen Lebensstil nicht durch gesellschaftliche Verpflichtungen einengt und sich nicht persönlich auf das einläßt, was andere erwarten, ist man in der Lage, ein eigenes Image aufzubauen. Da dieses Image aus dem 12. Haus kommt, wird es für andere niemals eine Fassade sein, sondern vielmehr ein Selbstbild der Seele. Dylan verbrachte 12 Jahre seiner Laufbahn als Sänger ohne öffentliche Auftritte. Während solcher Phasen ruft der Haus XII – Glückspunkt ein inneres Wachstum des Menschen hervor, das aus der wahren Quelle seines Seins entspringt. Nach diesen 12 Jahren schrieb Dylan ein Buch über jüdischen Mystizismus, das ohne Zweifel eine Reflexion aller Erkenntnisse seines Haus XII – Glückspunktes in Konjunktion mit Uranus ist: Religion, Ursprung und Spiritualität.

In Dylans Musik finden wir manchmal eine schlichte Ausdrucksweise, die typisch für die Erdqualität des Stier ist. Eben diese Sprache und dieser Stil bringen den modernen Menschen wieder auf den Erdboden und zwingen ihn, sich so zu sehen, wie er wirklich ist. Eine der feineren Stier-Eigenschaften ist, daß er nichts vortäuscht, was alle Stücke Dylans deutlich widerspiegeln. Hier haben wir ein perfektes Beispiel dafür, wie die starke Konstellation im Stier zusammen mit dem Stier-Glückspunkt den doppelten Zwillinge-Einfluß außer Kraft setzt, der normalerweise mit Heuchelei und Oberflächlichkeit Erfolg hat.

Durch den Punkt des Unpersönlichen Bewußtseins im 6. Haus im Skorpion legt Dylan alles Gekünstelte ab und trifft in seinen Werken genau den Kern des Lebens. Er wühlt die Sorgen, die die Menschen quälen, auf und bringt sie durch den Einfluß des Pluto an die Oberfläche, wo man sich mit ihnen als Teil des regenerativen Prozesses befassen kann.

In der Art, wie er seine Stücke vorträgt, öffentlich auftritt und sich der Welt präsentiert, trägt er sehr viel dazu bei, die Starrheit einer stagnierenden Gesellschaft zu erschüttern. Durch die Skorpion-Energie singt er frei über Sexualität und zwingt die Menschheit unnachgiebig, sich mit ihren Urinstinkten zu konfrontieren. Er ist wie Sigmund Freud und Jeanne d'Arc ein Vorkämpfer, deren Saturn in beiden Fällen in genauer Konjunktion zu seinem eigenen Geburtssaturn stehen. Aber bei seinem Kreuzzug für Veränderung und Transformation muß er darauf achten, daß er sich nicht mit den Pluto-Energien identifiziert, die er für die Menschheit einsetzt. Diese Energien sind sehr verschieden von denen, die er selbst für sein Glück braucht.

Sein Haus XII – Glückspunkt im Stier zeigt an, daß sein eigener Goldschatz aus dem Streben nach innerer Erkenntnis, Ruhe und Harmonie kommt. Die Skorpion-Energie möchte immer alles sofort erledigen, aber wenn Dylan wirklich glücklich sein will, muß er auf die Geduld des Stier zurückgreifen, die weiß, wie lange die Welt tatsächlich braucht, um das zu verstehen, was er schon immer gewußt hat. Einige Menschen hassen ihn. Sie sehen einen Lebensstil, den auch sie gerne genießen würden, aber sie sind zu sehr in traditionellen einschränkenden Bahnen festgefahren, um es ihm gleich zu tun. Einige andere finden im Stillen Bezug zu den ganz speziellen, versteckten Gefühlen der Wahrheit, die er in ihnen auslöst. Die meisten aber werden seinen mystischen Genius nie verstehen.

Dylan kann die innere Strömung seiner Seele frei erfahren, ungeachtet dessen, was die Welt von ihm denkt oder was er unpersönlich als seine Verpflichtung einer Gesellschaft gegenüber empfindet, für die er offensichtlich viel Mitgefühl hat. Sein inneres Erleben ist die Quelle seiner letztendlichen Zufriedenheit und Freude.

Jules Verne

Im Horoskop von Jules Verne, dem Autor von »20000 Meilen unter dem Meer«, finden wir den Glückspunkt im 10. Haus in den Fischen und den Punkt des Unpersönlichen Bewußtseins in der Jungfrau im 4. Haus. Da das Zeichen Fische alle Angelegenheiten beherrscht, die mit dem Meer zu tun haben und dieser Glückspunkt in sein Karriere-Haus fällt, ist es nur natürlich, daß das Buch, das ihn berühmt machen würde, davon handeln mußte. Das Zeichen Fische regiert auch die kreative Vorstellung und mit dem Glückspunkt im 2. Dekanat dieses Zeichens, dem Krebs-Dekanat, stellte sich Jules Verne dabei viel mehr vor, als nur ein zukünftiges U-Boot. Es war buchstäblich eine Heimat unter Wasser. Er malte sich in seiner Phantasie aus, wie der Mensch mit künstlichen Atmungsgeräten in den Tiefen des Ozeans schwimmen könnte. Er stellte sich die vollkommene Selbstversorgung eines U-Bootes vor, in dem der Mensch sein ganzes Leben verbringen und alle seine Bedürfnisse erfüllen konnte. Interessanterweise ist fast alles, was er sich vorstellte, Wirklichkeit geworden. Im Jahre 1880 jedoch wäre Vernes Buch als sehr unterhaltsame Phantasie abgetan worden, ein typischer Fische-Traum. Hier haben wir ein ausgezeichnetes Beispiel dafür, wie sehr die Träumer unsere Welt tatsächlich beeinflussen.

Das 4. Haus regiert nicht nur das eigene Heim sondern auch das Heimatland, die Kultur und die geschichtlichen Verhältnisse der Zeit, in der man lebt. Mit seinem Punkt des Unpersönlichen Bewußtseins im 4. Haus in der Jungfrau muß Jules Verne in der Lage gewesen sein, die einschränkenden Grenzen des Zeitgeistes zu überwinden, um seine persönliche Freude im Ausdruck seiner kreativen Vorstellung zu erreichen. Der Punkt des Unpersönlichen Bewußtseins erscheint im Steinbock-Dekanat des Zeichens Jungfrau und zeigt an, wie stark die Regeln, Gesetze und Beschränkungen waren, die sein Leben beherrschten. Durch seine Wassermann-Sonne konnte er sich in die Zukunft hineindenken, aber der Fische-Glückspunkt begeisterte ihn nicht nur davon, sondern zeigte ihm auch in seiner Phantasie, wie er dies realisieren konnte.

Neben der Karriere zeigt das 10. Haus auch das Ziel, die Richtung und den Sinn an, den man im Leben sucht. Mit Sonne und Merkur im Wassermann und dem Glückspunkt in den Fischen zeigt Jules Vernes schriftstellerisches Talent einen ausgeprägten Sinn für Voraussicht und Visionen, die weit über praktische realistische Überlegungen hinausgingen, ja sogar jenseits des Bereiches der Vernunft in seiner Zeit lagen. Er stellte sich vor, wie der Mensch auf einzigartige Weise unabhängig sein könnte, nicht indem er die Kräfte der Natur umgeht, sondern indem er lernt, sie vorteilhaft zu nutzen. Seine Richtung und sein Ziel mögen den anderen phantastisch vorgekommen sein. Die große intuitive Kraft, die im Fische-Glückspunkt liegt, wird ihm eine große Freude geschenkt haben, die über das Verständnis seiner Zeitgenossen ging.

Auf persönlicher Ebene steht das 10. Haus für das Reifen des individuellen Ziels. Doch hier geht der Fische-Glückspunkt über den persönlichen Egoismus hinaus. Mit Neptun, der im 8. Haus der Vermächtnisse steht, beschäftigte sich Verne mit dem Erbe des Menschen und fand, daß es in den unerschöpflichen Reichtümern der Natur liegt. Durch sein starkes Mitgefühl, hervorgerufen durch den Steinbock-Neptun im 8. Haus und den Fische-Glückspunkt war er dazu bestimmt, dieses Erbe als sein persönliches Geschenk an Generationen weiterzugeben, die er niemals kennenlernen würde.

Im Horoskop William Shakespeares finden wir den Glückspunkt im Schützen im 6. Haus und den Punkt des Unpersönlichen Bewußtseins im 12. Haus in den Zwillingen. Der
Jupiter-beherrschte Glückspunkt zeigt die große Weisheit,
die er suchte und auch in seinen Stücken zum Ausdruck
brachte. Hier im 6. Haus der Arbeit, des Dienens und der
Verpflichtung gegenüber der Menschheit erklärt der Glückspunkt, der eine Konjunktion zum rückläufigen Uranus bildet, die ironischen Finten über die Gerechtigkeit, zu denen
Shakespeare neigte. Der Planet Jupiter, der den Glückspunkt beherrscht, steht im Zeichen Löwe. Die Löwe-Schüt-
ze-Verbindung erklärt, warum die meisten seiner Charaktere überlebensgroß waren. Er schrieb über Könige und
Schlösser, über Großartigkeit und Tyrannei, und sein
Schreibstil war sehr ausladend. Seine Stücke sind von einer
Fülle, die nur der Schütze-Glückspunkt verstehen konnte.
Je mehr er schrieb, desto mehr verstand er das Leben. In
den Jahrtausenden, in denen die Menschheitsgeschichte auf-
gezeichnet worden ist, gilt er als einer der sehr seltenen Menschen, die eine hoch entwickelte Bewußtseinsstufe erreicht
haben.
Er liebte die Natur und die Schilderung seiner Szenen im
Freien sind so echt, daß man meint, man wäre wirklich dort.
Viele Stunden hielt er Zwiesprache mit der Natur, durch deren Rhythmen und Zyklen er zu dem Verständnis der universalen Gesetze gelangte, die die Menschheit regieren. Dies
ist ein weiterer Ausdruck des Schütze-Glückspunktes, der
den Menschen der Natur immer näher bringt.
Durch seinen Punkt des Unpersönlichen Bewußtseins in den
Zwillingen studierte er die Beziehungen sowie die Art und
Weise, wie sich die Menschen ständig gegenseitig täuschen.
Hier war er sich durch die Konjunktion zu Neptun der subti-
len unbewußten Kräfte bewußt, die mit dem menschlichen
Verstand ihr Spiel treiben. Schließlich erkannte er, daß das
ganze Leben nur ein großes Spiel ist und das machte ihn sehr

traurig. Durch das dualistische Wesen der Zwillinge sah er die Tragikomik des Lebens. Sein eigenes persönliches Glück wird daraus entstanden sein, daß er sich mit keiner der beiden Seiten der Medaille identifizierte, die er durch den Punkt des Unpersönlichen Bewußtseins sehen konnte, aber hauptsächlich wohl dadurch, daß er ein höheres jovisches Verständnis des ganzen Bildes erlangte.

Durch seinen Haus VI – Glückspunkt war er sich der menschlichen Verpflichtungen sehr bewußt. Seine größte Sehnsucht galt der Weisheit, die ihm dabei helfen konnte, mit den Dualitäten umzugehen, die er als wesentlichen Bestandteil ansah, seinen Verpflichtungen anderen gegenüber nachzukommen und mit den scheinbar dualistischen Kräften fertig zu werden, die man mit dem rationellen Verstand nicht begreifen kann.

Sein eigener Goldschatz entstand nicht aus der Verwirklichung eines Charakters, sondern daher, daß er der Vorarbeiter all seiner Charaktere war. Er brachte die Vielzahl der Persönlichkeiten ans Licht, die er in sich selbst fühlte, und gab ihnen eine Rolle als symbolische Charaktere in seinen Stücken. Je mehr er arbeitete, desto besser konnte er sich selbst erkennen und sein Bewußtsein erweitern, desto mehr konnte er sich dem Licht der höheren Wahrheit nähern.

Salvador Dali

Im Horoskop Salvador Dalis steht der Glückspunkt in den Zwillingen im 11. Haus und der Punkt des Unpersönlichen Bewußtseins im 5. Haus. Bekannt wegen seiner Gutmütigkeit und seiner Exzentrik, entstand Dalis größte Freude aus seiner Fähigkeit, außerhalb der Grenzen des Konformismus zu leben. Gewöhnlich passiert immer eine Unmenge in seinen Bildern, was typisch für die Zwillinge-Schütze-Achse ist.

Im 5. Haus, das sowohl seine Kreativität als auch seine romantische Lebensanschauung bestimmt, muß er sich mit seinem Punkt des Unpersönlichen Bewußtseins auseinandersetzen. Es ist interessant, daß Schütze die Herrschaft über das Zeitalter des Rittertums hat, über Ritter in glänzender Rüstung, Könige und Schlösser. Man könnte es als eine von Dalis Exzentrizitäten betrachten, daß seine Frau seit vielen Jahren auf einem Schloß lebt und er ihr Briefe schreibt, wenn er sie sehen will. Daher hat die Liebe in seinem Leben die Distanz, die so charakteristisch für den Schützen ist, genauso wie die Unpersönlichkeit der beiden Menschen, die voneinander getrennt leben.

Wenn es irgendetwas gibt, woran Dali persönlich hängt, dann könnte es seine Fähigkeit sein, seinen unkonventionellen Charakter zu bewahren. Dies ist typisch für den Uranus-regierten Haus XI – Glückspunkt, der ihm immer wieder nach neuen Wegen suchen läßt, um seine kreative Freude auszudrücken, die er in dem einmaligen Abenteuer erfährt, das sein Leben ist.

Er ist freundlich, gutmütig und ausgesprochen großzügig. Der Zwillinge-Glückspunkt bringt ihm die freudvolle Erfahrung der Beziehungen zwischen Menschen, Dingen und der Vielzahl von Wassermann-regierten Haus XI – Ideen, die sich in seinen faszinierenden Bildern ausdrücken. Der tiefste Sinn, den er im Leben findet, rührt aus der Erkenntnis aller Kleinigkeiten, die die Gegenwart interessant machen. Ein Lebensstil, der sich mehr aus Momenten zusammensetzt, als ein fortlaufender roter Faden ist, vereinigt letztendlich alle Momente in einem. Dies kommt in seinen ganzen Kunstwerken zum Ausdruck. Aber nicht die Kunst allein bringt ihm seine größte Freude. Sein ganz persönlicher Goldschatz liegt in der Beobachtung und der Erfahrung aller Zwillings-Verwicklungen im Leben. Dies wird dann schließlich in seinen Bildern ausgedrückt, mehr als in der Freude am Malen selbst.

Der Punkt des Unpersönlichen Bewußtseins im 5. Haus, durch den seine schöpferischen Energien fließen, wird zum

Mittel, das ihm die Freiheit schafft, an der französischen Riviera Wein und Brot zu frühstücken, ein Lebensstil, der so typisch ist für die Verheißung der Freude des Glückspunktes im 11. Haus.

SCHLUSSWORT

In vieler Hinsicht ist das Leben ein zweischneidiges Schwert. Fast immer beurteilt der Mensch die anderen nach ihren Taten, sich selbst aber nach seinen Idealen. Beim Glückspunkt kann nun jeder Mensch seine Ideale finden und sich bemühen, sie zu verwirklichen, in dem er mit allem zusammenwirkt, was seine großartige Gabe im Leben ist. Der Punkt des Unpersönlichen Bewußtseins bezeichnet das Gebiet, wo der Mensch versuchen sollte, in seinen Beobachtungen der Handlungen anderer objektiv zu sein, denn er neigt dazu, gerade das Wesentliche dieser Handlungen zu verurteilen. In Wirklichkeit aber richtet er sich selbst auf Gebieten, wo er die Ideale der anderen nicht begreifen kann, sondern nur Reflexionen der Menschlichkeit sieht. Wenn diese Reflexionen negativ sind, rauben sie ihm sein Gefühl der Freude.

Aus diesem Grunde ist es für jeden Menschen wichtig zu verstehen, welche Teile des Lebens unpersönlich sind, ja vielleicht sogar unbedeutend für den zentralen Kern der eigenen Richtung, und welche Teile die innerste Essenz dieses Kerns sind. Der Glückspunkt und der Punkt des Unpersönlichen Bewußtseins helfen dem Menschen zu erkennen, wie er das tun kann. Um in seiner Mitte zu bleiben, muß der Mensch einsehen, daß er ganz allein mit seinem Karma fertig werden muß. Nach einigen Anstrengungen in dieser Richtung wird er einige positive Erlebnisse in der sich verändernden Schwingung feststellen, die sein Leben trägt. Das meiste negative Karma entsteht, wenn man über andere urteilt. Sogar dann, wenn solche Gedanken geheimgehalten werden, bestimmen sie doch die Schwingungen des Menschen, seine Aura, seine Persönlichkeit und die grundlegenden Wirkungen, die er erlebt, wenn er versucht, seine Erfahrungen zu machen. Sobald der Mensch lernt, wie er objektiv sein kann und mitfühlendes Verständnis dafür zeigt, was ihn normalerweise verstimmt, befreit er sich von all den Kräften, die seinem Glück, seiner Freude und seiner Zufriedenheit im Wege stehen.

Natürlich ist dies leichter gesagt als getan. Dieser Prozeß dauert Jahre. Selbst dann, wenn man stolz darauf ist, nicht mehr über andere zu urteilen, muß man der Tatsache ins Auge sehen, daß man in seine eigene Falle gegangen ist, weil man innerlich beurteilt hat, wie großartig es doch ist, in einer Welt der Vorurteile vorurteilsfrei zu sein. Es ist eine sehr subtile Falle.

Es ist nicht einfach, die karmischen Auswirkungen zu durchleben und zu überwinden. Freude zu finden ist sogar noch schwieriger. Es bedeutet die Auflösung persönlicher Beziehungen auf jeder Bewußtseinsebene mit allem, was keine Freude ist! Aus diesem Grunde erfahren die meisten Menschen die Freude nur in sehr begrenztem Maße und recht selten. Im Laufe eines Lebens können diese Augenblicke wahrscheinlich an den Fingern einer Hand abgezählt werden.

Es gibt aber auch Menschen, die sich selbst gegenüber ehrlich sein wollen. Aus dieser Offenheit heraus nimmt die ganze Schwingung ihres Horoskopos eher die positiven Lebensqualitäten an als die negativen. Sie urteilen weder über sich selbst noch über andere. Sie planen ihr Leben nicht noch vermeiden sie, es zu planen. Stattdessen fließen sie mit dem, was Gott ihnen gegeben hat, und aus einem tiefen Gefühl der Dankbarkeit lernen sie, die Freude in allem zu sehen. Wenn auch jede Lebensanschauung je nach Glückspunktstellung in den verschiedenen Zeichen und Häusern variiert, so ist, unabhängig vom individuellen Standpunkt, sicher, daß ein Diamant wunderschön ist. Ob man eine östliche oder westliche Lebensphilosphie hat, ob man Blumen betrachtet oder Musik hört, überall ist Harmonie, wenn man nur überall die Lebensfreude sieht und allem anderen gegenüber unpersönlich ist.

Man stelle sich nur eine Welt vor, in der jeder aus seiner eigenen individuellen Anschauung heraus immer so leben könnte!

ALLEGORIE

Was ist Glück?

Seit Tausenden von Jahren sinnt der Mensch über die Frage nach:»Was ist Glück?«. Er hat sich Tausende von Antworten einfallen lassen und es ist verblüffend, daß trotz all dieser Antworten nur sehr wenige von sich behaupten können, glücklich zu sein. Es gibt eine alte chinesische Geschichte, die besonders interessant von der Natur des Glücks erzählt. Vor Tausenden von Jahren herrschte in China ein sehr grausamer und selbstsüchtiger Diktator. Er war es auch, der den Bau der 6000 Meilen langen Mauer um das Land herum befahl. Um sich in diese Zeit hineinversetzen zu können, muß man wissen, daß viele Menschen bei dem Bau der Mauer umkamen und in ihr begraben wurden. Damals lebte dort ein sehr alter Chinese, der in der Welt, die er liebte, nur zwei Dinge sein eigen nannte: seinen einzigen Sohn und ein einziges Pferd. Aber wie es der Zufall wollte, lief ihm sein Pferd eines Tages davon. Nachdem die Ältesten der Stadt davon gehört hatten, kamen sie, um ihn zu trösten: »Was für ein Unglück, daß dein Pferd weggelaufen ist!« Der alte Mann sah sie an und antwortete: »Woher wißt ihr, daß es Unglück ist?«
Einige Tage darauf kehrte das Pferd zurück, gefolgt von sechs anderen Pferden. Auf diese Weise hatte sich der Wohlstand des alten Mannes beträchtlich gesteigert. Die Stadtältesten sahen dies und kamen wieder zu ihm und sagten: »Oh, was für ein Glück, daß du nun sieben Pferde hast!« Der alte Mann dachte einen Augenblick nach, dann schaute er sie an wie damals und antwortete: »Woher wollt ihr wissen, daß es Glück ist?«
Am Nachmittag beschloß der einzige Sohn des alten Mannes, auf einem der wilden Pferde zu reiten. Er stürzte und wurde zum Krüppel. Die Ältesten versammelten sich wieder und sprachen: »Was für ein Pech, daß dein einziger Sohn

vom Pferd gestürzt ist und nun nicht mehr laufen kann!« Der alte Mann antwortete ihnen auf die gleiche Weise: »Wie wollt ihr wissen, daß es Pech ist?« Die Ältesten waren sehr verwirrt und gingen.

Am nächsten Tag kamen die Abgesandten des Herrschers in die Stadt. Sie hatten den Auftrag, alle körperlich gesunden jungen Männer abzuholen, um diese schreckliche 6000 Meilen lange Mauer mit ihren eigenen Händen zu bauen. Jeder junge Mann aus dem Dorf wurde mitgenommen bis auf den Sohn des alten Mannes. Als das geschah, waren die Ältesten der Stadt sicher, die Weisheit des alten Mannes verstanden zu haben. Sie besuchten ihn wieder und meinten: »Was für ein Glück du nur hast, daß sie deinen Sohn nicht für diesen Mauerbau geholt haben!« Doch der alte Mann sah sie wieder an und sprach: »Wie wollt ihr wissen, daß es Glück ist?«

Jetzt waren die Ältesten vollkommen verwirrt. Sie verließen ihn und beratschlagten. Dann kehrten sie zu dem alten Mann zurück und sagten: »Wir haben uns beratschlagt und sind uns einig, daß du der klügste Mann in ganz China bist. Wir würden es als großes Glück ansehen, wenn du unser Bürgermeister wirst.« Der alte Mann schlug verzweifelt die Hände zusammen und sagte: »Woher wollt ihr wissen, daß es Glück wäre? Ich will dieses Amt nicht!« Mit diesen Worten ging er.

Wahrscheinlich war er der glücklichste Mann in ganz China, denn er kannte das Geheimnis des Glücks!

(Wir danken Dr. Hae Sou für diese Allegorie)

ANHANG

Traditionelle Methode, um den Glückspunkt zu berechnen:

Beispiel: Sonne   18 Grad 04 Min.
im Wassermann

Mond   26 Grad 04 Min.
im Steinbock

Aszendent 20 Grad 29 Min.
in den Zwillingen

	Zeichen	Grad	Minuten
Aszendent	2	20	29
+ Mond	9	26	04
	11	46	33
– Sonne	10	18	04
Glückspunkt	1	28	29

oder 28 Grad 29 Min. im Stier

Bei dieser Methode berechnet man den Aszendenten als zwei vollständige Zeichen, Widder und Stier, plus 20 Grad und 29 Min. im dritten Zeichen Zwillinge. Der Mond hat neun Zeichen durchlaufen und steht auf 26 Grad 04 Min. im zehnten Zeichen Steinbock. Die Sonne hat sich durch zehn volle Zeichen bewegt und steht 18 Grad 04 Minuten im 11. Zeichen Wassermann.

Bob Dylan
24. Mai 1941
Duluth, Minnesota, USA

Jules Verne
8. Februar 1828
Nantes, Frankreich

William Shakespeare
23. April 1564
Stratford-on-Avon, England

Salvador Dali
11. Mai 1904
Paris, Frankreich

Reihe Karmische Astrologie
von Martin Schulman

Karmische Astrologie Band I
Die Mondknoten und Reinkarnation

Nach den einleitenden Kapiteln über REINKARNATION UND KARMA und DIE ASTROLOGIE DER REINKARNATION gibt das Buch DIE MONDKNOTEN UND REINKARNATION eine vollständige Beschreibung der Mondknoten in ihren Zeichen und Häusern; ferner ein Kapitel über die Aspekte der Mondknoten, Beispiel-Horoskope und einen Anhang mit den Mondknoten-Positionen von 1850 bis 2000.

Karmische Astrologie Band II
Rückläufigkeit und Reinkarnation

Hier stellt M. Schulman eine der radikalsten und höchst unorthodoxen Deutungen der rückläufigen Planeten vor, die jemals veröffentlicht wurden. Unabhängig von der traditionellen „Gut"- und „Böse"-Auslegung liefert er statt dessen ein System, das die drei vibrierenden Stimmungen erklärt, in denen diese Planeten zum Ausdruck gebracht werden können. Jeder Planet wird ausführlich in allen Zeichen und Häusern erklärt. Ferner untersucht er die esoterischen und karmischen Symbole, womit er schon in seinem Bestseller „Karmische Astrologie Band I: DIE MONDKNOTEN UND REINKARNATION" begonnen hat.

Karmische Astrologie Band III
Lebensfreude durch den Glückspunkt

Von allen arabischen Überlieferungen wird nur der Glückspunkt von allen Astrologen angewendet, aber niemand konnte bisher die Prinzipien erklären, die für seine erfolgreiche Erfüllung maßgeblich sind. Dieses Buch umfaßt die Stellungen des Glückspunktes in den zwölf Zeichen und Häusern, und Beispiel-Horoskope bekannter Persönlichkeiten. Überall beziehen sich die Gesetze des Karmas auf diesen überaus geheimnisvollen und vitalen Punkt im Horoskop.

Karmische Astrologie Band IV
Das Karma im Jetzt

Dieser letzte Band der Serie KARMISCHE ASTROLOGIE beschreibt das Verschmelzen der Astrologie mit der Realität, so wie sie wirklich ist. Dies basiert auf der Erkenntnis, daß die Vergangenheit und die Zukunft nur existieren, weil ein Mensch denkt, während die Gegenwart unabhängig davon existiert, wie jemand denkt. M. Schulman behandelt die Planeten in ihren Zeichen und zeigt auf, wie die planetarischen Energien gehandhabt werden können, um ein Festhalten an der Vergangenheit oder unrealistische Erwartungen an die Zukunft zu vermeiden.

Weitere Titel aus dem Urania Verlag

Der Schlüssel zum Horoskop   Ernst-Günther Paris
Band 1. Das Grundhoroskop, Berechnung und Deutung
253 Seiten, ISBN 3-908644-01-1

Der Autor, ein bekannter Verfechter der klassichen Astrologie, stellt hier in einmaliger Art und Weise eine Einführung in die Astrologie für den gebildeten Laien vor. Hier werden nicht dogmatisch astrologische Grundregeln festgelegt, sondern aus einer lebendigen und geisteswissenschaftlichen Naturbeobachtung heraus erarbeitet. So wird der Lehrende Schritt für Schritt von ihm bekannten Lebenserfahrungen zu den Abstraktionen der astrologischen Symbolik geführt. Diese so erarbeiteten Grundkenntnisse werden dann am Horoskopbild Wernher von Braun's auf ihre praktische Anwendbarkeit überprüft.

Der Schlüssel zur Prognose   Ernst-Günther Paris
Band 2. **Vom Schlüssel zum Horoskop**
Ereignisberechnung und Ereignisdeutung
270 Seiten, ISBN 3-921960-04-5

Der zweite Band von Prof. Paris befaßt sich eingehend mit den verschiedenen Methoden der astrologischen Prognose, angefangen bei den Transiten, über die Direktionssysteme bis hin zum Solarhoroskop. In der gleichen leicht verständlichen, dabei tief fundierten Art wie beim Grundhoroskop geht der Autor dieses schwierige Thema an und führt den Lernenden hin zur Meisterschaft in der astrologischen Prognostik.

Der Schlüssel zur Partnerschafts-Astrologie   Ernst-Günther Paris
250 Seiten, ISBN 3-921960-12-6

Vergleiche von Partnerhoroskopen geben Klarheit in der Beurteilung unserer Mitmenschen. Wir erkennen treffsicher ihre Vorzüge und ihre Fehler. Jeder Freund der Astrologie kann die Zusammenhänge menschlicher Bindungen mit tiefenpsychologischer Genauigkeit erfassen, sei es in Liebe und Ehe, sei es in Freundschaft oder Geschäftspartnerschaft.
Das Buch vermittelt ganz neue Kenntnisse und Erkenntnisse, die zum besseren Verständnis unserer Umwelt beitragen.

Weitere Titel aus dem Urania-Verlag

Das Horoskop der Menschheit   Ernst-Günther Paris
240 Seiten, ISBN 3-921960-05-3

Unser Weg aus urfernen Zeiten in die Zukunft. Der bekannte Autor klassischer Astrologie schildert unfassend das Schicksal der Erde von Beginn der Bindung der Menschheit an diesen Planeten bis zu unserer Situation im gegewärtigen Weltenmonat und den daraus resultierenden Zukunftsaussichten. Er rückt längst vergessene Erdteile wie Hyperborea, Lemurien und Atlantis wieder vor unser geistiges Auge. Er deutet aus kosmischer Sicht Sinn und Aufgabe der führenden Gestalten, die den Weg der Menschheit prägten. Seine Deutung des Horoskops der Erde öffnet uns tiefe Einblicke in vergangene Weltenjahre. Wer die Vergangenheiten kennt, begreift die Gegenwart und öffnet das Tor in die Zukunft.

Das große Jahr   Hans Künkel
72 Seiten, ISBN 3-921960-06-1

Hier liegt das Werk eines bedeutenden Astrologen vor, der in den letzten Jahrzehnten zu Unrecht von der esoterischen Verlagswelt vernachlässigt wurde. In visionärer und dabei verblüffend einfacher, auf innerem Verstehen beruhender, Art und Weise wird der Schlüssel zum Großen Atem der Weltzeitalter, dem »Großen Jahr«, enthüllt. Vor allem seine inspirierte Betrachtung des kommenden Zeitalters des Wassermann, in dessen Aufbruch wir uns schon befinden, bestätigt seine Seherschaft.

Die Sonnenbahn   Hans Künkel
220 Seiten, ISBN 3-921960-07-X

In diesem Werk stellt der große deutsche Klassiker der Astrologie die Lebensalter des Menschen aus esoterischer Sicht dar. Damit wird hier ein Einweihungsweg beschrieben, den der einzelne fähig ist, ja beauftragt ist, zu gehen, und mit Hilfe des Buches kann er für sich selbst entscheiden, wie weit ihm das bis jetzt gelungen ist. Die Zeitangaben darin sind nicht mißzuverstehen als tatsächliche Lebensalter; vor allem in der heutigen Zeit gibt es junge Leute, welche bereits in einer Jupiter- oder Saturnphase leben und ältere Generationen, die sich noch in der Merkur- oder Venusphase befinden. Hier findet der Leser die Anleitung zur Entwicklung seiner einzelnen Wesensglieder bis hin zum höheren Selbst.

Weitere Titel aus dem Urania-Verlag

Der Bilderschlüssel zum Tarot   Arthur Edward Waite
178 Seiten, ISBN 3-908644-67-4

A. E. Waite, ein bedeutendes Mitglied des »Goldenen Dawn« Ordens, dem die geheimen Zuordnungen des Tarot zugänglich waren, enthüllt in einer mystischen Interpretation die im Tarot enthaltene Geheime Lehre. Er unterscheidet sehr klar und mit Nachdruck den höheren Bedeutungsinhalt des Tarot von den meist profanisierenden Formen der Divinationskunst und den müßigen Spekulationen vieler sogenannter »okkulter« Schulen. Im Gewand des Jugendstils wird eine neue bildhafte Interpretation der Kartensymbolik dargelegt, die auch die kleinen Arkana mit einbezieht.

Ausführlich werden die 22 Haupttrümpfe und ihre symbolische Aussage erläutert, darauf folgt die eingehende Erklärung der kleinen Trümpfe und ihrer Bedeutung in der Devination.

Zum Schluß wird die praktische Kunst der Tarot-Divination anhand von mehreren Beispielen beschrieben, darunter eine aus alter Zeit stammende keltische Methode der Divination.

Besonders für den Anfänger ein ausgezeichnetes Lehr- und Übungsbuch.

Tarot-Karten zum Buch:
A. E. Waite, Best.Nr. 50 026, DM 21, –, 78 Karten (7x12 cm)
A. E. Waite mini, Best.Nr. 50 027, DM 16,80, 78 Karten (4,5x7,5 cm)

Das Buch Thoth   Aleister Crowley
Ägyptischer Tarot
278 Seiten, ISBN 3-908644-73-9

Einer der eingenwilligsten und intelligentesten Vertreter des sogenannten »magischen« Weges, gleichfalls ein hoher Eingeweihter des Goldenen Dawn Ordens, hat nach einem zwanzigjährigen Studium des Tarot das in seiner Qualität überzeugendste Werk über dieses Thema geschrieben. Es hat ihm viel Mißgunst eingetragen, daß er offen und unverhüllt die von den okkulten Logen eifersüchtig bewahrten wahren Zuordnungen des Tarot mitteilt. Seine tiefgreifende Kenntnis der Symbolik verschiedenster spiritueller Disziplinen, die ungewöhnliche Intuitionskraft seines Ausdrucks und sein zum Teil bitterböser Humor machen dieses Werk zu einer Fundgrube des esoterisch Interessierten.

Ein umfassendes, organisch zusammenhängendes Entsprechungssystem, das den Tarot in seinen vielfältigen Analogien duchleuchtet, wird vorgestellt. Dazu gehören kabbalistische, astrologische und alchemistische Korrespondenzen, die in einer vollkommen ursprünglich bildlichen Neubearbeitung der 78 Karten ihren Höhepunkt finden.

Es ist ohne Übertreibung ein einzigartiges Grundlagen- und Studienwerk, das immer wieder zu neuen Inspirationen anregt.

Tarot-Karten zum Buch: Crowley Thoth-Tarot-Karten
78 Karten (9,5x14 cm)

Weitere Titel aus dem Urania-Verlag

Bewußt Fasten   Rüdiger Dahlke
Ein Wegweiser zu neuen Erfahrungen
97 Seiten, ISBN 3-908644-68-2

Dieses Büchlein von Dr. med. Rüdiger Dahlke, Arzt für Naturheilverfahren, behandelt das Thema »Fasten« speziell von der spirituellen Seite her. Fußend auf dem Text der Essener-Evangelien versucht Dr. Dahlke das Fasten nicht nur als eine körperliche Reinigungskur, sondern vor allem als einen Schritt zu größerer Bewußtwerdung verständlich zu machen.

Erst wenn man das Fasten und Essen als Polarität erkennt, öffnet sich der Zugang zum Verständnis der umfassenden Bedeutung, die dem Fasten als ganzheitliche Therapie für Leib und Seele zukommt.

Neben dieser Betrachtung aus esoterischer Sicht findet der Leser jedoch auch die genaue Anleitung zur selbständigen Durchführung einer Fastenkur, einschließlich vieler Tips, Ratschläge und detaillierter Rezepte.

Ein Büchlein, das bestimmt vielen ein neues Verständnis dieser uralten Methode vermitteln wird.